Dr. Brigitte Karner
Ulrike Gonder

Keto

richtig gesund

Mit ketogener Ernährung erfolgreich abnehmen und Diabetes, Demenz und viele andere Erkrankungen behandeln

Unter Mitarbeit von Inga Pfannebecker und Antje Brunnabend

Inhalt

Vorwort 5

Neue Power aus der Keto-Küche 6
Vom Zuckerjunkie zum Fatburner 10
Stars der Keto-Küche 12
Keto auf einen Blick 16
Ist Keto etwas für mich? 18
Populäre Ernährungsmythen 22

Hier geht's in die Keto-Küche 24

Frühstück & Snacks 28
Süße Brotaufstriche 38
Suppenglück 60
Salate & Veggie 62
Dressings 70
Dips und Aufstriche 82
Mit Fleisch & Fisch 92
Süßes 120

Medizin aus der Küche und der Kräuterapotheke 138

Übergewicht:
Abnehmen mit Sahnetupfer 140
Diabetes:
Kohlenhydratarm gegen den Zucker 144
Leber und Stoffwechsel:
Entschlackungskur für Leber und Co. 148
Darmerkrankungen:
Festmahl für die Mitbewohner 152
Neurologische Erkrankungen:
Kopfgesunde Keto-Küche 156
Hautkrankheiten:
Schönheit kommt von innen 160
Krebserkrankungen:
Keto und Krebs 164
Herz-Kreislauf-Erkrankungen:
Wenn es eng wird ums Herz 168
Autoimmunerkrankungen:
Das Immunsystem isst mit 172

Rezeptregister 176
Register nach Krankheiten 179
Service 183
Impressum 184

„Heilen mit Ernährung und gleichzeitig genießen – kann es eine bessere Medizin geben?“

Dr. Brigitte Karner ist Fachärztin für Allgemein- und Ernährungsmedizin, Phytotherapeutin und leidenschaftliche Gärtnerin in ihrem Gemüse- und Heilkräutergarten. Mit ihrer Medizin aus der Küche behandelt sie ihre Patienten, sie hält Vorträge und gibt Kurse. Zur ketogenen Ernährung forscht sie seit 17 Jahren und ist fasziniert davon, wie erfolgreich sich viele chronische Leiden ganz ohne Medikamente und bittere Pillen behandeln lassen.

„Gesunde Ernährung wirkt, gutes Essen schmeckt, keto-gesunde Ernährung wirkt und schmeckt!“

Ulrike Gonder ist Ernährungswissenschaftlerin (Diplom-Oecotrophologin) und Autorin aus Begeisterung für die Effekte guten Essens und guter Bücher. Ein Schwerpunk ihrer Arbeit als Autorin, Dozentin, Trainerin und Referentin sind die Wirkungen gesunder Fette und verschiedene Low-Carb-Kostformen, von denen die ketogene Ernährung die effektivste ist.

Keto – richtig gesund: Lasst Eure Nahrung Euer Heilmittel sein

Ernährungsweisen gibt es wie Sand am Meer. Doch welche wird dem hippokratischen Anspruch „Eure Nahrungsmittel sollen Eure Heilmittel sein und Eure Heilmittel Eure Nahrungsmittel“ noch gerecht? Sind industriell hochverarbeitete Produkte überhaupt noch Lebensmittel? Wir leben heute zwar länger, doch die Zahl der gesunden Lebensjahre sinkt. Wir wissen längst, etliche Studien haben es gezeigt, dass viele der heutigen Krankheiten unserem Lebensstil geschuldet sind, auch der Abkehr von traditionellen Essweisen, von echten Lebensmitteln. Die meisten Patienten kommen mittlerweile wegen chronischer, oft ernährungsabhängiger Krankheiten zum Hausarzt. Wir sehen täglich, wie krank die „moderne“ Ernährung machen kann, doch wir erleben auch mit Begeisterung, wie veränderte Essgewohnheiten wieder gesund machen.

Das Potenzial einer gesundheitsfördernden Ernährung wird an den Universitäten noch zu wenig gelehrt, in der Praxis wird es massiv unterschätzt. Die ketogene Ernährung, eine fettreiche, sehr kohlenhydratarme Ernährungsform, ist ein gutes Beispiel dafür: Vor rund 100 Jahren als wirksame Therapie bei kindlichen Epilepsien entwickelt, geriet sie lange in Vergessenheit, wurde in den 1970er-Jahren in Form der Atkins-Diät wiederentdeckt und fiel abermals in Ungnade. Erst seit der Jahrtausendwende wird systematisch dazu geforscht und seither jagt eine gute Nachricht über ihre Wirkungen und Möglichkeiten die nächste: Ob bei Diabetes oder Alzheimer, Multipler Sklerose, Krebs oder Übergewicht – in sehr vielen Fällen bewirkt eine ketogene Diät Erstaunliches.

Dafür genügt es nicht, einfach das Brot wegzulassen und nur noch Speck und Eier zu essen. Um eine heilsame Funktion zu haben, muss auch die ketogene Ernährung sinnvoll und richtig zusammengesetzt sein. Deshalb trägt unser Buch den Titel „Keto – richtig gesund“. Unsere Gerichte basieren auf heimischen „Superfoods“ in bester Bio-Qualität, sie sind abwechslungsreich gewürzt und appetitlich angerichtet. Die Rezepte sind auf die jeweiligen Erkrankungen zugeschnitten, die Zutaten nach der Heilwirkung der Lebensmittel und Heilpflanzen ausgewählt. So ist dafür gesorgt, dass nicht nur alle Nährstoffe, sondern auch besonders viele „Wirkstoffe“ enthalten sind.

Wir möchten Sie anstecken, infizieren mit unserer Begeisterung für diese Art zu essen, dafür, dass die Medizin wieder vermehrt aus der Küche kommt, geerntet in der Feld-, Flur- und Gartenapotheke.

Viel Genuss und Freude beim Nachkochen, Essen, Gesundbleiben und Wiedergesundwerden wünschen Ihnen

Neue Power aus der Keto-Küche

Keto ist Trend. Die wiederentdeckte Ernährungsform soll bei Krankheiten helfen und die Leistung steigern. Kann das wahr sein?

Noch vor wenigen Jahren war der Begriff nur Fachleuten bekannt. Heute zählt die ketogene Ernährung zu den angesagten Gesundheitstrends. Das Abnehmen soll sie erleichtern, die Behandlung von Diabetes, Krebs und anderen Krankheiten verbessern, die Leistung von Athleten und Kopfarbeitern steigern. Das klingt faszinierend. Andererseits widerspricht die fettreiche, kohlenhydratarme Keto-Küche auf den ersten Blick so gut wie allem, was jahrzehntelang von Ernährungswissenschaftlern empfohlen wurde. Kann sie wirklich so gesund sein? Und ob! Warum, das erklären wir Ihnen hier.

Woher stammt die ketogene Ernährung?

Genau genommen ist Keto so alt wie die Menschheit. Als es noch nicht an jeder Ecke Brötchen und Pommes zu kaufen gab, mussten Menschen nicht selten wochenlang ohne Kohlenhydrate auskommen. Kohlenhydrate sind in vielen Nahrungsmitteln enthalten, als Trauben- und Fruchtzucker in Früchten und Honig, als Milchzucker in Milch oder als Stärke in Wurzelgemüse und Getreide. Aber diese Nahrungsmittel waren in Urzeiten nicht in den heute üblichen Mengen verfügbar. Ackerbau und Milchviehzucht gibt es erst seit etwa 8000 Jahren. Wir können außerdem davon ausgehen, dass unsere Vorfahren immer wieder Phasen der Nahrungsknappheit erlebten und auch aus diesem Grund öfter fast ohne Kohlenhydrate auskommen mussten – umso mehr, wenn sie weit entfernt vom Äquator siedelten, wo sie langen Wintern, häufiger Dunkelheit und Kälte ausgesetzt waren.

Eine ketogene Ernährung

... ist fettreich und sehr kohlenhydratarm.

... veranlasst die Leber dazu, aus Fetten Ketone zu bilden.

... hält den Blutzucker- und Insulinspiegel niedrig und stabil.

... wirkt ähnlich positiv wie Heilfasten, ohne dass man fasten muss.

Es geht ums Überleben

Tatsächlich kann der Mensch auf Dauer nicht ohne Fett und Eiweiß überleben. Kohlenhydrate zu essen ist dagegen nicht lebensnotwendig. Die erforderliche Mindestmenge an Traubenzucker (Glukose), auf die einige Zellen im Körper angewiesen sind (z. B. rote Blutkörperchen, manche Hirnzellen), kann die Leber aus Eiweiß selbst herstellen. In Notzeiten, wenn es nicht nur an Zucker, sondern auch an eiweißhaltiger Nahrung mangelt, wird das zur Herstellung einer Mindestmenge an Glukose erforderliche Eiweiß den Muskeln entnommen.
Doch zum Überleben muss der Körper die wertvolle Muskelmasse auch in Hungerperioden bestmöglich erhalten. Deshalb beginnen Muskeln, Herz und Leber bei Nahrungsmangel bald, Körperfett anstelle von Traubenzucker für die Energieversorgung zu nutzen. Das schont die Eiweißreserven. Das Gehirn kann dies aber nicht. Für seine Versorgung bildet die Leber aus einem Teil der Fette Ketonkörper, auch kurz

Ketone genannt. Der Körper befindet sich dann in einem Stoffwechselzustand, den man Ketose nennt. Auch mithilfe einer ketogenen Ernährung gelangt man in Ketose, denn die zur Ketonbildung benötigten Fettsäuren können nicht nur aus körpereigenen Fettpolstern stammen, sondern auch aus der Nahrung. Dazu müssen die Kohlenhydrate jedoch stark reduziert werden. Genau das tut eine ketogene Ernährung: die Fette erhöhen und die Kohlenhydrate reduzieren. Damit wird die Bildung von Ketonkörpern besonders gefördert, ohne dass man dazu hungern oder fasten müsste.

Faszinierende Energieträger

Ketone sind also Stoffe, die unter bestimmten Umständen natürlicherweise im Körper entstehen. Es sind kleine wasserlösliche Verbindungen, die sich ebenso leicht wie Zucker mit dem Blut in alle Körperregionen transportieren lassen. Weil sie – im Gegensatz zu Fetten – problemlos durch die Blut-Hirn-Schranke gelangen, können sie auch das Gehirn rasch und unkompliziert mit Energie versorgen. Aber auch das Herz, die Skelettmuskulatur und die Nieren können von Ketonen profitieren.

Eine lange Geschichte

Bereits den alten Griechen war die Heilkraft des Fastens bekannt. Der in Zeiten des Mangels veränderte Stoffwechselzustand, so hatte sich gezeigt, wirkt sich günstig auf manche Krankheiten aus, beispielsweise auf Krampfleiden wie die Epilepsie. Schon in der Bibel wird beschrieben, dass Fasten dagegen hilft. Doch erst zu Beginn des vergangenen Jahrhunderts erschienen die ersten wissenschaftlichen Berichte über Patienten, die durch das Einhalten längerer Fastenperioden von epileptischen Anfällen verschont blieben. Gerade für epilepsiekranke Kinder aber war Fasten auf Dauer keine praktikable Therapie. So lag es nahe, eine Ernährung zu entwickeln, mit der die Besonderheiten des Fastenstoffwechsels nachgeahmt werden, ohne dass die Patienten dafür hungern müssen. Dass Fasten mit einem Anstieg der Ketonkörper einhergeht, war zu dieser Zeit schon bekannt.

Ketone

- ***... liefern den meisten Körperzellen Energie, auch dem Gehirn.***
- ***... sind eine Art Supertreibstoff, der sauberer verbrennt als Zucker.***
- ***... schützen vor oxidativem Stress.***

Die erste Definition

1921 wurde der Begriff ketogene Ernährung „erfunden" und folgendermaßen definiert: 1 g Protein pro Kilogramm Körpergewicht, 10 bis 15 g Kohlenhydrate und die restlichen Kilokalorien des Tagesbedarfs in Form von Fett. Lange blieb diese strenge Form der ketogenen Ernährung eine gängige und erfolgreiche Therapie für Epilepsien im Kindesalter. Auch zur Behandlung von Übergewicht und Diabetes wurde eine fettreiche, kohlenhydratarme Ernährung schon seit dem 19. Jahrhundert empfohlen. Doch mit der Entdeckung des Insulins und mit der Entwicklung neuer Medikamente zur Behandlung der Epilepsie geriet die ketogene Diät in Vergessenheit. Durch folgenreiche Irrwege in den Ernährungswissenschaften kamen zudem Butter und andere köstliche Fette in Verruf. Die fettbetonte ketogene Ernährung erschien plötzlich als ungesund. Erst Ende der 1990er-Jahre begann ihr fulminantes Comeback.

Zurück in die Steinzeit?

Aber warum, könnte man fragen, sollte sich der moderne Mensch freiwillig in einen Zustand versetzen, wie ihn die Menschen früherer Zeiten zwangsläufig ertragen mussten?
Ketone werden von unserem Körper nicht nur während einer ketogenen Ernährung gebildet, sondern von Natur aus, wenn es gilt, sich gegen Stress zu wappnen. Die Ketone erlauben uns, unter schwierigen Bedingungen optimal zu funktionieren: bei großer körperlicher Anstrengung, in Zeiten von Kälte und Nahrungsmangel, während der Schwangerschaft, der Wehen und der Geburt. Auch Säuglinge, die gestillt werden, haben in der ersten Zeit Ketone im Blut. Im Laufe des Lebens nimmt die Fähigkeit, schnell vom Zucker- auf den Fett- und Ketonstoffwechsel umzuschalten, zwar ab. Sie bleibt jedoch erhalten, sofern man nicht der heute üblichen kohlenhydratreichen Ernährung folgt, die uns viele Zivilisationskrankheiten beschert.

Effizienter Treibstoff

Wäre der Stoffwechsel ein Auto, das sowohl mit Diesel als auch mit Ketonen läuft, so könnte man mit einer Tankfüllung Ketone weiter fahren als mit einer Tankfüllung Diesel. Zugleich würde das Fahrzeug weniger Schadstoffe ausstoßen.

Eine ketogene Ernährung muss kein Dauerzustand sein. Doch durch Phasen einer ketogenen Diät können wir das Umschalten in den Fettstoffwechsel fördern und die natürliche metabolische Flexibilität des Hin- und Herschaltens im Stoffwechsel wieder erreichen. Das bringt enorme gesundheitliche Vorteile mit sich, es

Kräuter und Wildkräuter können die heilende Wirkung der keto-gesunden Küche unterstützen.

macht widerstandsfähiger und hilft auch, dem Altern ein Schnippchen zu schlagen.

Exzellente Nervennahrung

Ketone geben nicht nur viel Energie, wie Keto-Fans versichern: Nach den ersten, für manche durchaus harten Tagen der Umstellung fühlt man sich ungewöhnlich fit und leistungsfähig. Da der Blutzuckerspiegel nach einer ketogenen Mahlzeit weniger stark schwankt, hat man zwischendurch weniger Hunger. Auch das Verlangen nach Süßem lässt mit der Zeit nach. Der niedrige Insulinspiegel hält die Fettverbrennung in Gang. So steht kontinuierlich Energie zur Verfügung und man bleibt auch dann leistungsfähig und gut gelaunt, wenn es einmal längere Zeit nichts zu essen gibt. Sportler steigern durch dieses Fettstoffwechseltraining ihre Belastbarkeit und Ausdauer. Viele Menschen bemerken kognitive Verbesserungen: eine höhere Konzentrationsfähigkeit, ein besseres Gedächtnis, mehr geistige Klarheit. Depressive Verstimmungen lassen nach. Auch der Schlaf wird meist besser. Da Ketone besonders sauber verbrennen, fallen weniger Abfallprodukte wie freie Radikale an. Zudem fördern Ketone die Bildung neuer Mitochondrien und reparieren Zellschäden. Die Funktion dieser winzigen Zellkraftwerke ist bei vielen Erkrankungen beeinträchtigt. Daher kann die ketogene Ernährung auch für Patienten mit Parkinson, Multipler Sklerose, Migräne oder Alzheimer hilfreich sein (siehe ab Seite 138). Allerdings geht es dabei nicht darum, nur noch Speck und Eier oder Berge von Fleisch zu essen: Eine keto-gesunde Ernährung, so wie wir sie hier präsentieren, basiert auf viel Gemüse, Salaten, Kräutern und anderen pflanzlichen Lebensmitteln, ergänzt durch hochwertige tierische Produkte. Denn es sollen ja nicht „nur" Ketone gebildet werden. Vielmehr soll der Körper auch bei ketogener Ernährung alle Nähr- und besonders viele Wirkstoffe erhalten, die er zum Gesundbleiben oder Gesundwerden benötigt.

Abnehmen ohne Jo-Jo-Effekt

Vielleicht das Beste an einer gesunden Keto-Küche: Sie bedeutet weder Genussverzicht noch Magenknurren. Durch ihren hohen Gehalt an gesunden Fetten, mit ausreichend Protein sowie ballaststoffreichem Gemüse und Salat sättigt sie gut, sodass sich mit ihrer Hilfe auch sehr gut abnehmen lässt, ohne besonders auf die Kalorien zu achten oder sich hungrig zu fühlen. Man darf sich also satt essen – nicht vollstopfen – und trotzdem handelt es sich um eine wirksame Methode, auf gesunde Weise Übergewicht abzubauen. Mit einer Keto-Diät verliert man aber nicht nur Kilos, denn im Vergleich zu fettreduzierten oder FdH-Diäten punktet die Keto-Küche mit zusätzlichen Vorteilen: Unter einer kohlenhydratarmen Ernährung schmilzt vor allem das besonders schädliche Bauchfett. Der Grundumsatz bleibt meist gleich oder erhöht sich sogar, was dazu führt, dass der gefürchtete Jo-Jo-Effekt deutlich weniger ausgeprägt ist. Eine Fettleber bildet sich rasch zurück. Insulinresistenz und Blutfettwerte verbessern sich und chronische Entzündungen gehen zuzurück. Müdigkeit und Erschöpfung lassen nach. Davon profitieren auch Typ-2-Diabetiker stark, deren Insulin- und Zuckerwerte sich unter einer ketogenen Diät meist normalisieren. Kurz: Wer die ketogene Ernährung ausprobiert, darf auf viele positive Veränderungen gespannt sein.

Wir stellen vor

Bei einer ketogenen Ernährung entstehen in der Leber aus Fett drei Verbindungen, die allgemein als Ketone bezeichnet werden:

- ***Acetoacetat***
- ***Beta-Hydroxybutyrat***
- ***Aceton***

Die Leber kann sie nicht nutzen, sondern gibt sie ins Blut ab, damit sie dem Gehirn und anderen Organen zur Verfügung stehen.

Der Umstellung Zeit geben

Die Umstellung auf eine ketogene Ernährung gelingt vielen leicht, andere brauchen einige Tage, um sich damit wohlzufühlen. Vor allem, wer zuvor eine fettarme, zucker- und stärkereiche Kost gewöhnt war, tut sich zu Beginn oft schwer. Gegen die auch als „Keto-Grippe" (englisch: keto flu) bezeichneten Startschwierigkeiten hilft es meist, viel Wasser zu trinken und mehr Salz zuzuführen.

Vom Zuckerjunkie zum Fatburner

Fürs Essen ist keine Zeit und Sie müssen durchhalten? Kein Problem, wenn Sie einen flexiblen Stoffwechsel haben. Dann kann Ihr Körper ganz einfach auf seine Reserven zugreifen. Aber wie kommt eine optimale Fettverbrennung in Gang?

Grundsätzlich sind wir gut dafür gerüstet, ein paar Stunden oder auch Tage ohne Essen zu überstehen. Auch ein schlanker Mensch trägt erhebliche Kalorienvorräte in Form von Fett mit sich. Durch die heute üblichen Essgewohnheiten – zu viele zuckerreiche Mahlzeiten, ständiges Snacken, Nahrungsaufnahme bis in die Nacht – geht die Fähigkeit des Körpers, mühelos auf Fettverbrennung umzuschalten, jedoch oft verloren. Das befördert die Gier nach leicht verdaulichen Kohlenhydraten wie z. B. Süßigkeiten. Bekommen solche Zuckerjunkies eine Zeit lang nichts zu essen, plagt sie nagender Hunger.

Um mehr Fett zu verbrennen und in Ketose zu kommen, muss der Insulinspiegel niedrig sein. Dazu gibt es verschiedene Möglichkeiten. Die erste: eine Zeit lang gar nichts essen, also fasten. Die zweite: großzügig Fett plus angemessen Eiweiß essen – und auf Zucker und andere schnell verfügbare Kohlenhydrate verzichten. Denn diese führen zu einem Blutzuckeranstieg, auf den der Körper mit einer Insulinausschüttung reagiert – was wiederum die Fettverbrennung stoppt. Die dritte: Körperliche Anstrengung leert die Zuckerspeicher (Glykogen) in der Leber, senkt das Insulin und fördert so die Ketose.

Ab sofort – oder Schritt für Schritt?

Wer entschlossen ist, kann von heute auf morgen in die ketogene Ernährung einsteigen.

Herkömmliche und ketogene Ernährung im Vergleich

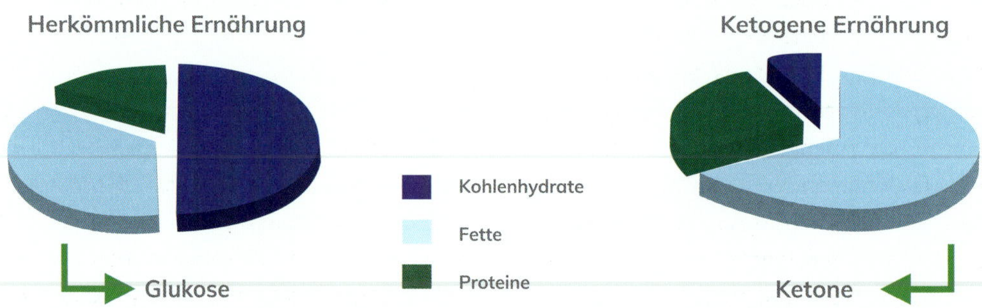

vorwiegend Zuckerverbrennung, starke Blutzuckerschwankungen, hoher Insulinbedarf (vor allem bei Insulinresistenz), häufig Hunger, geringe metabolische Flexibilität

überwiegend Fettverbrennung, flache Blutzuckerkurven, geringer Insulinbedarf, lange Sättigung, Ketone im Blut, gute metabolische Flexibilität

Ketone messen – nicht raten

Messung im Urin

Der Nachweis von Ketonkörpern mit Teststreifen im Urin ist die einfachste und kostengünstigste Methode (ca. 8 Euro für 50 Teststreifen). Gemessen wird das Keton Acetoacetat, das den Streifen entsprechend seiner Konzentration färbt. Für den Einstieg ist die Urinmessung praktisch und meist auch ausreichend.

Messung im Blut

Hierbei wird das Keton Beta-Hydroxybutyrat bestimmt. Diese Messung ist genauer, sie erfordert jedoch, dass man sich in den Finger pikst und ein kleines Messgerät sowie Teststeifen anschafft, die derzeit noch relativ teuer sind (ca. 2 Euro pro Messung). Die Blutmessung ist der Urinmessung überlegen, wenn es um die Wirksamkeit einer Therapie oder um Leistungssteigerung im Sport geht.

- *Milde Ketose (z. B. zum Abnehmen): Blutwerte von 0,5 bis 1,5 Millimol pro Liter*
- *Strenge Ketose (z. B. bei neurologischen Erkrankungen, MS): Blutwerte von 1,5 bis 5 Millimol pro Liter*
- *ACHTUNG: Werte über 8 Millimol pro Liter sollten vermieden werden. Steigen die Blutwerte darüber hinaus an, droht eine gefährliche Ketoazidose, die einer umgehenden ärztlichen Behandlung bedarf!*

Messung in der Atemluft

Dabei wird ein flüchtiges Keton, das Aceton, gemessen, das im Körper spontan aus Acetoacetat entsteht und über die Lunge abgeatmet wird. Aceton gilt als guter Indikator für Fettabbau und Ketonbildung. Die Messgeräte kosten zwischen 100 und 280 Euro, sie erfordern jedoch kein weiteres Zubehör.

Für andere mag es angenehmer sein, den Körper langsam an eine höhere Fettnutzung zu gewöhnen. Zum Einstieg hilft ein mindestens zwölfstündiges Nachtfasten zwischen der letzten Mahlzeit am Abend und dem Frühstück. Die daraus resultierende milde Ketose am Morgen lässt sich durch ein kohlenhydratarmes Frühstück ausdehnen. Ideal sind beispielsweise Eierspeisen oder keto-geeignete Brote. Mit der Zeit können Sie die tägliche Kohlenhydratzufuhr weiter reduzieren und mehr Fett essen, bis Sie sich schließlich durchgehend ketogen ernähren – also mit nicht mehr als 50 g Kohlenhydraten am Tag. Das Erreichen einer stabilen Ketose kann drei bis zehn Tage dauern. Der Körper muss sich erst an die ungewohnte Energieversorgung gewöhnen. Um zu wissen, ob Sie in Ketose sind, und auch zur Motivation, sollten Sie zumindest anfangs täglich Ihre Ketonwerte messen (siehe Kasten). Es wird sich nicht vermeiden lassen, dass Sie mal aus der Ketose rutschen, etwa weil Sie aus Versehen versteckten Zucker zu sich genommen haben. Dann kann es schon mal zwei, drei Tage dauern, bis die Ketose wieder erreicht ist. Lassen Sie sich nicht davon beirren. Je häufiger eine ketogene Ernährung praktiziert wird, desto flexibler wird der Stoffwechsel. Ein Wechseln zwischen Fett- und Zuckerverwertung fällt dann immer leichter und das Verlangen nach Zucker wird weniger.

Stars der Keto-Küche

Sicher, auf Pasta und Marmeladenbrötchen muss man verzichten, und auf übliche Süßigkeiten auch. Aber abgesehen davon ist eine keto-gesunde Ernährung sehr vielseitig. Neben allen Arten von Fleisch und Fisch sind vor allem diese Lebensmittel geeignet, Ihnen ein ketogenes Leben schmackhaft zu machen.

Himbeeren und Co.

Obst sollte in der Keto-Küche nur sparsam verwendet werden. Der teilweise hohe Fruchtzuckergehalt würde die Bildung der erwünschten Ketonkörper stoppen. Am besten geeignet sind Beeren: Himbeeren und Johannisbeeren enthalten nur 5 g KH pro 100 g, Erdbeeren und Brombeeren 6, Blaubeeren 7. Da Beeren zudem besonders ballaststoffreich sind und neben viel Vitamin C auch jede Menge anderer Vitamine, Spurenelemente und sekundärer Pflanzenstoffe liefern, sollten Sie sich ruhig regelmäßig Beerenobst gönnen, z. B. mit Sahnequark.

Avocado

Die grüne Frucht ist für die Keto-Küche praktisch perfekt: Da sie kaum Kohlenhydrate enthält, kann sie ohne Einschränkung verzehrt werden. Sie schmeckt pur mit ein wenig Zitronensaft und Salz, eignet sich für Dips und als Zutat für Salate. Sie enthält wertvolle Mineralstoffe wie Kalium und besteht zu einem Viertel aus gesundem Fett. Doch einen Nachteil hat das Wunderobst: Die Öko-Bilanz ist oft sehr schlecht. Kaufen Sie deshalb am besten Bio-Avocados aus Spanien.

Mandeln und Co.

Die meisten Nüsse sind für die ketogene Ernährung geeignet, beispielsweise die besonders fettreichen Macadamianüsse (70 %). Recht kohlenhydratreich sind dagegen Cashewnüsse (gut 30 g KH pro 100 g). Mandeln liegen bei etwa 4 g KH und sind praktisch als Snack für unterwegs. Außerdem liefern die kleinen Kerne einen köstlichen Ersatz für Weizenmehl beim Backen oder Binden von Saucen: Aus der Mandelölherstellung bleibt ein Presskuchen zurück, der vermahlen ein eiweißreiches, kohlenhydratarmes Mandelmehl ergibt.

Blattgemüse

Ob Feldsalat, Kopfsalat, Spinat oder Mangold – alle Salate und grünen Blattgemüse enthalten kaum verwertbare Kohlenhydrate, dafür jede Menge gesunde sekundärer Pflanzen- und Ballaststoffe sowie reichlich Vitamine, Mineralstoffe und Spurenelemente. Darum können sie ohne Einschränkung gegessen werden: entweder als Salat (etwa mit einem Dressing aus Essig und Olivenöl) oder gedünstet und mit Weidebutter oder einem guten Öl oder fetten Dip verfeinert.

Champignons und Co.

Speisepilze wirken immunstärkend und zellschützend. Sie zählen zu den wenigen Lebensmitteln, die Vitamin D enthalten, liefern Ballaststoffe und Eiweiß, Mineralstoffe und wichtige Spurenelemente wie Selen und Zink. Während Pfifferlinge und Steinpilze nur im Herbst gesammelt werden können, bereichern Zuchtpilze wie Champignons ganzjährig den Speiseplan. Anders als manche Wildpilze sind Zuchtpilze auch nicht radioaktiv belastet.

Blumenkohl und Co.

Von Brokkoli über Rosenkohl bis zu Weißkohl: Alle Kohlarten soll man in der Keto-Küche unbegrenzt genießen. Sie sind mit ihren Vitaminen, Sekundär- und Ballaststoffen wahre Wunderwaffen der Natur und dazu noch kohlenhydratarm. Was den Blumenkohl hervorhebt, ist seine Vielseitigkeit: Geraspelt kann man ihn zu einer Art Risotto, Reis oder Couscous verarbeiten. Gehobelt und mit Ei und Käse vermengt, gibt er einen brauchbaren Pizzaboden ab. Püriert und mit Muskatnuss verfeinert, ist er – wie Knollensellerie – eine gute Alternative zu Kartoffelpüree.

Eier

In Hühnereiern steckt viel hochwertiges Eiweiß, das zudem optimal verwertbar ist. Daneben enthalten Eier nur eine Spur Kohlenhydrate, dafür gesunde Fette, außerdem Vitamin A, Eisen und Kalzium sowie Cholin, das für Leber, Nieren und Nervensystem wichtig ist. Ebenfalls geeignet für die Keto-Küche sind Gänse-, Enten- oder Wachteleier. Wichtig ist die Haltung: Eier von Tieren, die artgerecht gehalten werden und sich draußen ein vielseitiges Futter suchen können, sind nährstoffreicher und weisen eine bessere Fettqualität auf.

Butter, Kokosöl und Co.

Die Butter gehört neben dem Kokosöl zu den bevorzugten Fetten der Keto-Küche. Das liegt an ihren Fettsäuren. Kokosöl ist zwar Spitzenreiter bei den sogenannten mittelkettigen Fettsäuren, die die Ketonbildung besonders fördern. Doch Butter und Sahne enthalten auch kleine Mengen dieser Keto-Booster. Stammt der Rahm von Kühen mit ausreichend Weidegang,

die überwiegend Gras und im Winter Heu fressen dürfen, enthält er auch entzündungshemmende Omega-3-Fettsäuren. Sahne hat zudem den Vorteil, dass sie weniger Milchzucker als Milch enthält (3,3 versus 4,8 %). Geben Sie daher in Ihren Kaffee oder Tee statt Milch lieber etwas Sahne. Kaufen Sie möglichst Bio-Sahne, sie hat eine bessere Fettzusammensetzung und ist frei von dem bedenklichen Verdickungsmittel Carrageen. Ideal für die Keto-Küche ist auch gereifter Käse. Von wenigen Ausnahmen abgesehen, enthält er praktisch keine Kohlenhydrate.

Zucchini

Zucchini haben den Vorteil, dass sie so gut wie keine Kohlenhydrate enthalten. In der Keto-Küche werden sie gern als Pasta-Ersatz verwendet: Mit einem Spiralschneider in Streifen geschnitten und kurz mit etwas Fett gedünstet oder gebraten, können sie wie Nudeln serviert werden.

Oliven

Schon die alten Griechen schätzten den Olivenbaum: Oliven enthalten Mineralstoffe, sekundäre Pflanzenstoffe, jede Menge einfach ungesättigte Fettsäuren – und so gut wie keine schnell verfügbaren Kohlenhydrate. Das macht sie zum idealen Keto-Snack, auch für unterwegs. Fast noch wichtiger für die Keto-Küche ist das Öl aus den kleinen Früchtchen. Gönnen Sie sich Olivenöl, wann immer Sie mögen, doch achten Sie auf Qualität und vertrauenswürdige Produzenten: Wie Verbraucherschützer immer wieder feststellen, wird beim Olivenöl häufig gepanscht. Es lohnt sich daher, regelmäßig Testberichte zu lesen und nach seriösen Bio-Anbietern zu suchen.

Keto auf einen Blick

Eine ketogene Ernährung ist die strikteste Variante der Low-Carb-Diäten (kohlenhydratreduzierten Ernährungsformen). Üblich ist auch die Abkürzung LCHF, die für Low Carb High Fat oder Low Carb Healthy Fat steht, also eine kohlenhydratreduzierte Kost, die reich an gesunden Fetten ist.

Die fettbetonte, kohlenhydratarme Art zu essen bewirkt, dass die Leber aus Fetten verstärkt Ketone bildet. Dann befindet man sich in einer nahrungsbedingten Ketose. Auch Fasten und körperliche Anstrengungen führen zur Ketose. Je strikter eine ketogene Ernährung durchgeführt wird, um so mehr Ketone entstehen (siehe Seite 21).

Weniger Kohlenhydrate!

Damit die Leber vermehrt Ketone bilden kann, muss der Insulinspiegel niedrig sein, denn hohe Insulinspiegel bremsen die Ketose. Da Kohlenhydrate die stärkste Insulinausschüttung hervorrufen, ist es nötig, sie drastisch zu reduzieren. Je nach Strenge der Diät liegt die Menge zwischen 10 und etwa 50 g täglich.

Mehr Fett!

Da Ketone hauptsächlich aus Fett gebildet werden, ist eine ketogene Ernährung immer relativ fettreich: In der Regel stammen zwischen 70 und 85 % der täglichen Kalorienzufuhr aus gesunden Fetten und Ölen sowie fettreichen Lebensmitteln wie Sahne, Nüssen und Saaten. Bei einem Bedarf von 2000 kcal täglich wären das 155 bis 190 g Fett. Wer mit Keto abnehmen möchte, braucht nicht so viel Fett zu essen – es soll ja Körperfett abgebaut werden. In ketogenen Reduktionsdiäten stammen daher meist nur etwa 60 % der Nahrungskalorien aus Fett.

Angemessen Protein!

Wie viel Eiweiß (besteht aus Aminosäuren) man braucht, ist individuell verschieden und hängt unter anderem vom Alter, vom Gesundheitszustand und vom Ausmaß an körperlicher Betätigung ab. In jedem Fall muss der Bedarf an Aminosäuren gedeckt werden, denn sie sind für Wachstum, Immunsystem, Wundheilung, Regeneration und Muskelaufbau unabdingbar. Auch das psychische Wohlergehen wird durch Aminosäuren wie beispielsweise Tryptophan beeinflusst. Mit 0,8 bis 2 g Protein pro Kilogramm Körpergewicht ist der Bedarf gut gedeckt. Bei starkem Übergewicht orientiert man sich an der Magermasse oder am Normalgewicht, nicht am tatsächlichen Gewicht. Für Sportler, Menschen mit körperlich anstrengenden Berufen, Heranwachsende und ältere Menschen gilt der obere Bereich.

Da auch Proteine Insulin anlocken und Überschüsse in Zucker umgewandelt werden können, wird oft empfohlen, die Eiweißzufuhr knapp zu halten, um die Ketonbildung nicht zu behindern. Allerdings steigt der Blutzuckerspiegel nach eiweißreichen Mahlzeiten praktisch nicht an und der Insulinanstieg ist meist moderat. Zudem fördert Eiweiß die Ketonbildung, indem es das Hormon Glukagon anlockt. Daher wird die Rolle von Eiweiß als „Keto-Bremse“ oft überschätzt. Gute Eiweißquellen für die Keto-Küche sind Eier, Käse, Fisch, Fleisch, Saaten, Nüsse, grüne oder lokal angebaute Sojabohnen.

Kohlenhydratgehalt und glykämische Last

Kohlenhydrathaltige Lebensmittel beeinflussen die Blutzucker- und Insulinspiegel sehr unterschiedlich, z. B. je nach Menge und Art der Kohlenhydrate (Zucker oder Stärke), Verarbeitung (roh, gekocht) und Ballaststoffgehalt. Die gleiche Menge Kohlenhydrate aus Zucker, Weißbrot oder Weißkohl hätte also völlig andere Blutzucker- und Insulinwerte zur Folge. Zudem sind die Portionen unterschiedlich groß: So stecken z. B. 50 g Kohlenhydrate in 50 g Zucker, in 100 g Weißbrot, in 140 g Vollkornbrot oder in 1,2 kg Weißkohl.

Für die ketogene Ernährung sind Lebensmittel ideal, die in üblichen Portionen nur sehr wenige Kohlenhydrate enthalten (unter 5 g/100 g) oder deren Kohlenhydrate Blutzucker- und Insulinspiegel nur wenig ansteigen lassen. Eine gute Kennzahl dafür ist die glykämische Last (GL).

In ihre Berechnung fließen sowohl die Kohlenhydratmenge als auch die Blutzuckerwirksamkeit eines Lebensmittels ein. Daher lässt sich mithilfe der GL der Insulinbedarf verschiedener Lebensmittel bzw. Lebensmittelportionen vergleichen. Für eine streng ketogene Ernährung sollte die GL der gesamten Mahlzeit unter 10 liegen. Wird eine milde Ketose angestrebt, darf die GL einer Mahlzeit bis zu 15 betragen. Dabei aber immer auch die Gesamtkohlenhydratmenge im Auge behalten. Für Phasen einer moderat kohlenhydratreduzierten Ernährung (Low Carb, siehe Seite 21) können auch moderate Mengen von Lebensmitteln mit einer höheren GL (15 bis 30) wie Wildreis oder Vollkornbrot einbezogen werden.

Lebensmittel	GL	g KH/ pro 100 g
Aubergine	0,5	2,5
Blaubeeren	1,5	6,1
Blumenkohl	0,8	5,0
Bohnen, grün	1,5	5,1
Champignons	0,1	0,6
Chicorée	0,3	2,0
Fenchel	0,4	2,8
Kohlrabi	0,6	3,7
Kokosmilch	2,0	5,0
Lauch	0,3	2,5
Leinsamen/Sesam/ Mohn	1,1	3,0
Mandeldrink	0,2	0,5
Mandelmus, dunkel	1,3	5,3
Mangold	0,1	0,7
Möhren	3,5	5,0

Lebensmittel	GL	g KH/ pro 100 g
Orangen	3,5	10,0
Paprika	0,6	4,0
Pistazienkerne	2,7	18,0
Quark	1,2	4,0
Rosenkohl	0,4	3,0
Schokolade (> 85 % Kakaoanteil)	6,0	30,0
Sellerie, Knollen-	0,7	2,0
Sonnenblumenkerne	7,0	20,0
Spargel	0,3	2,2
Tomaten	0,8	2,6
Weißkohl	0,6	4,2
Wirsing	0,3	1,7
Zitrone	1,1	9,3
Zucchini	0,3	2,2
Zwiebeln	0,8	5,0

Ist Keto etwas für mich?

Für die Umstellung auf eine andere Ernährung braucht es gute Argumente. Hier haben wir die häufigsten Fragen und Antworten zum Thema Keto zusammengestellt.

Welche Vorteile hat eine ketogene Ernährung?

Der Stoffwechsel stellt sich um und der Körper gewöhnt sich daran, anstelle von Zucker vermehrt Fette und Ketone als Energiequelle zu verwenden. Die Fettverbrennung verbessert sich. Der Blutzuckerspiegel und der Insulinspiegel bleiben niedrig und relativ konstant – das ist gesund und wirkt Übergewicht, Fettleber und Diabetes, Entzündungen und Krebserkrankungen entgegen. Heißhungerattacken nehmen ab, die Ausdauer steigert sich. Auch Stimmungsschwankungen und die Konzentration können sich verbessern. Wer sich immer wieder einmal ketogen ernährt, trainiert seine metabolische Flexibilität (siehe Seite 8). Auch das hilft Körper und Geist, gesund zu bleiben.

Für wen ist eine ketogene Ernährung nicht geeignet?

Es gibt seltene angeborene Stoffwechselerkrankungen, beispielsweise solche, bei denen der Körper keine Ketone bilden oder sie nicht nutzen kann. In diesen Fällen kann und darf man sich NICHT ketogen ernähren! Meist sind diese Erkrankungen den Betroffenen bekannt. Fragen Sie Ihren Hausarzt und lassen Sie einen Bluttest machen. Auch wenn Sie unter einem Insulinom leiden, ist eine ketogene Diät ausgeschlossen. Sofern Sie eine schwere Lebererkrankung oder eine Nierenfunktionsstörung haben, sollten Sie vor einer Ernährungsumstellung mit Ihrem Arzt sprechen. Diabetiker, die Insulin oder blutzuckersenkende Medikamente bekommen, müssen ihren Arzt ebenfalls informieren, weil die Dosierung angepasst werden muss. Anderenfalls könnten sie in eine gefährliche Unterzuckerung geraten, weil sich ein zu hoher Blutzuckerspiegel unter einer ketogenen Kost oft schnell normalisiert. Auch blutdrucksenkende Medikamente wird Ihr Arzt reduzieren oder sogar absetzen können, vor allem wenn Sie mithilfe der ketogenen Ernährung Gewicht verlieren.

Welche Risiken gibt es?

Auch eine ketogene Ernährung sollte aus gesunden Lebensmitteln und abwechslungsreich zusammengestellt werden, um Nährstoffmängel oder gesundheitliche Schäden zu vermeiden. Bei längerer Durchführung sollte anhand von Laboruntersuchungen überprüft werden, ob alles im Lot ist. In sehr seltenen Fällen kann es zu überhöhten Ketonwerten kommen, die den Körper übersäuern (Ketoazidose, siehe Seite 11).

Macht viel Fett nicht dick?

Fett enthält zwar rund doppelt so viele Kalorien wie die gleiche Menge Kohlenhydrate oder Eiweiß. Doch ob man übermäßige Fettpolster bildet, hängt davon ab, wie viel man insgesamt isst und welche hormonellen Reaktionen dieses Essen auslöst. Zuständig für die Fettspeicherung ist das Hormon Insulin. Es wird vor allem nach dem Verzehr von Kohlenhydraten ausgeschüttet, nach dem Genuss von Fett jedoch nur minimal. Wenn Sie etwa einen Donut vertilgen, der fett und süß zugleich ist, verhindert das Insulin, dass Fett verbrannt wird. Nach einer Mahlzeit, die zwar viel Fett, aber kaum Kohlenhydrate enthält, bleibt der Insulinspiegel niedrig. Die Fettbildung wird nicht angeheizt und es kann leichter Fett verbrannt werden.

Was tun bei Lust auf Süßes?

Das Verlangen nach Süßem lässt bei ketogener Ernährung meist nach und das Geschmacksempfinden steigt, sodass beispielsweise Kokosöl oder Sahne als süß empfunden werden. Für keto-geeignete Desserts, Gebäcke und Eiscremes empfehlen wir den Zuckerersatzstoff Erythrit(ol), der weder Kalorien hat noch den Blutzuckerspiegel beeinflusst. Von Süßstoffen raten wir ab, da sie im Verdacht stehen, die Darmflora zu schädigen.

Kann ich mich auch als Vegetarier ketogen ernähren?

Selbstverständlich. Mit viel Gemüse, Kräutern, Salaten, Nüssen, guten Ölen, Weidebutter, vollfetten Käsen und Milchprodukten sowie Eiern lassen sich auch viele köstliche vegetarische Keto-Gerichte zaubern. Schwieriger wird es, wenn nicht nur auf Fleisch und Fisch, sondern auch auf Eier und Milchprodukte verzichtet werden soll: Sich ausgewogen, ketogen und vegan ernähren zu wollen, erfordert viel Wissen und ein paar Tricks. Wir raten dazu, bei veganer Ernährung insbesondere auf eine Omega-3-Quelle aus Algen und auf die Proteinzufuhr (idealerweise bei jeder Mahlzeit) zu achten. Geeignete vegane Proteinquellen sind ökologisch angebautes Soja, Hanfsamen, Lupinen sowie kleine Mengen grüner Bohnen. Hilfreich ist ein Eiweißgetränk täglich, beispielsweise in Form eines grünen Smoothies (siehe Seite 38). Zweimal jährliche Laborkontrollen, um eventuelle Mängel rechtzeitig entdecken zu können, sind sehr zu empfehlen.

Welche Fette sollte ich verwenden?

Nur hochwertige gute Fette wie natives Kokosöl, Butter (insbesondere Weidebutter), Schmalz (idealerweise von artgerecht gefütterten Tieren), Sahne, Crème fraîche, kalt gepresstes Olivenöl und für die kalte Küche andere kalt gepresste, nicht raffinierte Öle mit hohem Omega-3-Anteil wie Walnuss-, Hanf- oder Leinöl. Außerdem lässt sich auch mithilfe von Nüssen, Nussmusen, fetten Käsen, durchwachsenem Fleisch und fetten Fischen auf appetitliche und gesunde Weise mehr Fett auf den Teller bringen, ohne

dass alles in Öl schwimmt. Auf Sonnenblumen-, Distel- oder Maiskeimöl sollten Sie verzichten, weil sie viele potenziell entzündungsfördernde Omega-6-Fettsäuren enthalten.
Neben Kokosöl gelten MCT-Öle als besondere Keto-Booster: Sie werden aus Kokosöl hergestellt und bestehen zu 100 % aus mittelkettigen Fettsäuren (Kokosöl zu ca. 60 %). Diese Fettbausteine gelangen vom Darm direkt zur Leber und schubsen dort die Ketonbildung so richtig an, auch ohne strenge Diät. Die Qualität von tierischen Fetten hängt von der Tierhaltung und Fütterung ab: Achten Sie auf zertifizierte Bio-Qualität bzw. Weidehaltung. Die Zusammensetzung der Fettsäuren ist dann optimal. Auch beim Fisch sollten Sie auf Qualität achten und möglichst solchen aus Wildfang, aus nachhaltiger Aquakultur oder in Bio-Qualität bevorzugen.

Und was sollte ich gar nicht mehr essen?

Zucker und leicht verfügbare Kohlenhydrate: alles aus Getreide, etwa herkömmliche Nudeln, Brote, Brötchen, Pizza oder Kekse. Außerdem übliche Süßigkeiten, Limonaden und Säfte. Nicht geeignet für eine ketogene Ernährung sind auch Kartoffeln und süße Obstarten wie Bananen, Trauben oder Ananas.

Was kann ich trinken?

Das ideale Getränk ist natürlich Wasser, gerne aus der Leitung, 1 bis 2 Liter täglich. Für Abwechslung sorgen frische oder gefrorene Früchte: z. B. 1 Erdbeere, 1 Orangenscheibe, Gurkenscheiben, Kräuter oder Kombinationen (wie Erdbeere-Basilikum, Mandarine-Minze). Bei „air up" bringt Duft den Geschmack gänzlich ohne Chemie und Kalorien (siehe Seite 183). Ideal sind zudem Grün- und Hibiskustee (warm oder kalt), ungesüßte oder mit etwas Erythrit gesüßte Kräutertees sowie Kaffee. Eine kräftige Fleisch- oder Gemüsebrühe hilft vor allem am Anfang, wenn der Körper aufgrund der Ernährungsumstellung viel Wasser und Salz verliert.

Was passiert bei Ausrutschern?

Ein Glas Saft oder eine Kugel Eis – jeder zuckerreiche Snack kann Sie aus dem Zustand der Ketose werfen. Bei Menschen mit Epilepsie oder Migräne könnte das einen neuen Anfall provozieren. Wer nicht an einer solchen Krankheit leidet, hat keine großen Probleme oder Langzeitfolgen zu befürchten. Schränken Sie nach einem „Ausrutscher" die Kohlenhydrate möglichst schnell wieder ein. Hat sich der Körper einmal an die Ketose gewöhnt, schaltet er meist schnell wieder vom Zuckerstoffwechsel auf Fettverbrennung um. Wer jedoch gerade erst mit einer ketogenen Ernährung angefangen hat, sollte sich während der ersten zwei, drei Monate möglichst genau an die Vorgaben halten, um die Vorteile einer stabilen Ketose zu erfahren.

Muss ich für immer auf Kartoffeln und Co. verzichten?

Nein, in den allermeisten Fällen nicht. Haben sich die Beschwerden gebessert oder ist das Zielgewicht erreicht, kann die Diät schrittweise wieder gelockert werden. Wenn es um den Erhalt der metabolischen Flexibilität geht, wechseln sich ketogene Diät- oder Fastenphasen regelmäßig mit moderat kohlenhydrathaltigen Ernährungsphasen (Low-Carb-Ernährung) ab. Denn der Wechsel vom Glukose- in den Keton-

stoffwechsel und wieder zurück hält Sie fit, gesund und optimiert auch Ihren Gehirnstoffwechsel. Vor allem im Sommer und im Frühherbst, wenn uns von Natur aus jede Menge leckere Früchte und Gemüse zur Verfügung stehen, kann es durchaus sinnvoll sein, vermehrt gesunde Kohlenhydrate zu verzehren. Auch wenn Sie zu einer Feier eingeladen sind, sollte Keto nicht zur Spaßbremse werden. Gesund essen ist keine Religion! Ansonsten kommt es auf Ihre Ziele an: Wer die Therapie einer schweren Krankheit unterstützen möchte, wird länger und häufiger in der Ketose bleiben wollen als jemand, der nur ein paar Kilo abnehmen oder seine sportliche Leistungsfähigkeit verbessern möchte.

Und wenn man nicht abnehmen will oder darf?

Auch Gewichtserhalt oder -zunahmen sind mit ketogener Ernährung möglich. Dazu wählen Sie Speisen mit der fettreichsten ketogenen Ratio (2 : 1 oder 3 : 1, siehe Seite 24). Die Angaben dazu finden Sie bei den Rezepten. Bei Bedarf können Sie auch einfach größere Portionen essen oder mit einem fettreichen Dip, etwas Butter, Öl oder Nüssen auffetten (siehe Seite 25).

Was unterscheidet Keto von Low Carb?

Die ketogene Ernährung ist die strengste Low-Carb-Variante, denn sie sieht maximal 50 g Kohlenhydrate vor (bei 2000 kcal pro Tag sind das ca. 10 % der Kalorien). Moderatere Low-Carb-Formen sind ebenfalls kohlenhydratreduziert, sie können jedoch bis zu 25 % der Tageskalorien in Form von Kohlenhydraten liefern. Gesunde Low-Carb-Mahlzeiten legen ebenfalls Wert auf „langsame" Kohlenhydrate (englisch: Slow Carb), die den Blutzuckerspiegel nur wenig ansteigen lassen.
Low Carb ist fettreicher als übliche Kost, jedoch fettärmer als Keto (ca. 50 versus 75 % der Kalorien). Dafür ist der Eiweißgehalt der Mahlzeiten meist höher als bei Keto. Weil Eiweiß sehr gut und lange sättigt, ist Low Carb auch zum Abnehmen geeignet. Man nimmt jedoch etwas langsamer ab und kann die Vorteile der Ketonkörper nicht nutzen, weil bei diesem Kohlenhydratlevel keine gebildet werden. Low Carb eignet sich auch sehr gut für die Zeit nach Keto oder zwischen ketogenen Phasen.

Wie komme ich am schnellsten in Ketose?

Indem Sie die drei Faktoren, die eine Ketose begünstigen, kombinieren: Fasten (Einstieg mit 2 bis 3 Tagen), intensive körperliche Betätigung und eine ketogene Ernährung, ergänzt durch mittelkettige Fettsäuren, wie sie in Kokosöl oder in MCT-Fetten (Medium-Chain Triglycerides) vorkommen. Diese Fettsäuren werden von der Leber leichter und schneller als andere Fettbausteine in Ketone umgewandelt. MCT-Öle erhalten Sie in Reformhäusern und im Internet.

Populäre Ernährungsmythen

Zu kaum einem Thema gibt es so viele Mythen und Halbwahrheiten wie zur Ernährung. Auch durch die Keto-Küche schwirren allerlei Vorurteile und Gerüchte. Sieben Klarstellungen:

Mythos Nr. 1: Fett erhöht den Cholesterinspiegel

Das kommt darauf an: Unter einer gesunden kohlenhydratarmen Keto-Kost verbessern sich die Blutwerte meist: Das gute HDL-Cholesterin steigt in der Regel an, die Blutfette (Triglyzeride) sinken deutlich. Ein hoher HDL-Anteil am Gesamtcholesterin gilt als herzgesund. Manchmal steigt jedoch auch das sogenannte „böse" LDL-Cholesterin, oft jedoch nur vorübergehend. Dauert der Zustand an, kann mit einer entsprechenden Fettauswahl entgegengewirkt werden. Zudem kann das LDL auch ansteigen, weil die einzelnen Partikel größer, fluffiger und damit ungefährlicher für Herz und Gefäße geworden sind. Im Zweifel gibt ein Labortest Auskunft.

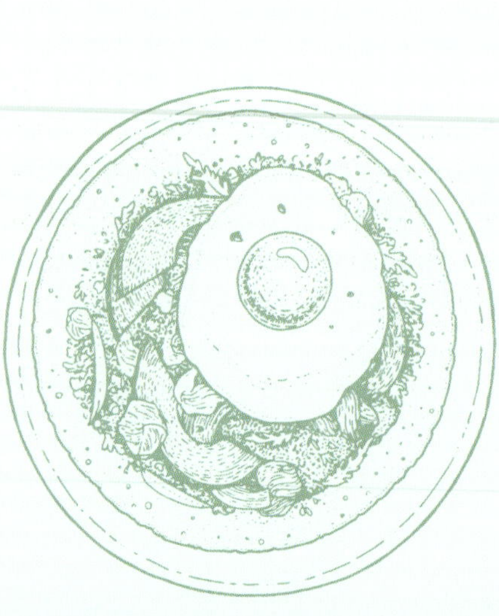

Mythos Nr. 2: Ketogen essen ist einseitig und langfristig nicht durchzuhalten

Hartnäckig hält sich das Vorurteil, eine ketogene Ernährung bedeute, vor allem Eier, Speck, Wurst und Fleisch zu essen. Zu einer richtig zusammengestellten ketogenen Mahlzeit gehören jedoch auch kohlenhydratarme Gemüse, Beeren, Nüsse und Samen, Kräuter und Gewürze – und damit auch genügend Ballaststoffe, Vitamine und Mineralstoffe. Da zudem die Eiweißzufuhr eher moderat ist und Wert auf gesunde Fette gelegt wird, ist sie auch für eine langfristige Anwendung abwechslungsreich und nahrhaft genug – und lecker.

Mythos Nr. 3: Gesättigte Fettsäuren schädigen das Herz

So wurde es rund 50 Jahre lang behauptet. Stichhaltige wissenschaftliche Beweise für diese Theorie gibt es bis heute nicht. Viele Studien zeigen eher das Gegenteil: Sofern die Kohlenhydrate reduziert werden, sorgt eine fettreichere Ernährung für bessere Blutdruck-, Blutfett-, Entzündungs- und Insulinwerte – auch dann, wenn sie viele gesättigte Fettsäuren enthält. Es sind also neben anderen Lebensstilfaktoren eher die Kohlenhydrate, die zu Arteriosklerose, Herzinfarkt oder Schlaganfall führen.

Mythos Nr. 4: Pflanzenöle sind gesünder

Häufig wird pauschal empfohlen, bevorzugt Pflanzenöle zu verwenden, weil deren mehrfach ungesättigte Fettsäuren das „böse“ LDL-Cholesterin senken. Dass ist zwar richtig. Doch ob sie auch Herz und Gefäße schützen, ist damit noch nicht gesagt. Vieles deutet darauf hin, dass sie auch schaden können, denn sie sind sehr instabil und können oxidativen Stress auslösen. Da sie vor allem entzündungsfördernde Omega-6-Fettsäuren enthalten, raten wir von Distel-, Sonnenblumen- und Maiskeimöl ab.

Mythos Nr. 5: Kokosöl ist ungesund

Anders als andere Pflanzenöle besteht natives Kokosöl zu etwa 90 % aus gesättigten Fettsäuren. Es deshalb pauschal als „ungesund“ abzustempeln, ist unbegründet (siehe Mythos Nr. 3). Seine gesättigten Fettsäuren machen Kokosöl sehr stabil bei hohen Temperaturen. Wir empfehlen es deshalb generell zum Anbraten, Braten, Backen und Kochen. Kokosöl kann die Behandlung von Diabetes und Fettleber, neurologischen Erkrankungen, Fettstoffwechselstörungen oder Krebs sehr gut unterstützen, weil es aufgrund seines hohen Gehalts an mittelkettigen Fettsäuren (MCT) die Ketonbildung besonders fördert.

Mythos Nr. 6: Fünf Mahlzeiten am Tag halten den Blutzucker stabil

Zwischenmahlzeiten geben Energie und verhindern, dass Heißhunger aufkommt – so wurde es jahrelang gepredigt. Das Gegenteil ist wahr: Jeder Snack treibt den Blutzucker nach oben und macht über die anschließende Insulinausschüttung schnell wieder hungrig. Lange Pausen zwischen den Mahlzeiten hingegen dienen dem Stoffwechsel zur Regeneration. Beschränken Sie sich lieber auf drei oder auch nur zwei Mahlzeiten am Tag.

Mythos Nr. 7: Vegan ist automatisch gesund

Richtig ist: Eine pflanzenbetonte Ernährung ist gesund. Wer jedoch wie Veganer gänzlich auf tierische Nahrungsmittel verzichtet, braucht viel Wissen, um genug Eiweiß zuzuführen und Mangelzustände an Vitalstoffen zu vermeiden. Besonders kritisch kann es bei veganer Ernährung bei Vitamin B_{12}, Eisen, Zink, Selen, Jod und Omega-3-Fettsäuren werden. Regelmäßige Laborkontrollen sind zu empfehlen.

Hier geht's in die Keto-Küche

Unsere leckeren keto-gesunden Rezepte sind mit Icons und weiteren Hinweisen versehen, um Ihnen die Auswahl der zu Ihnen passenden Gerichte zu erleichtern.

- für Vegetarier geeignet: ohne Fleisch und Fisch
- für Veganer geeignet: nur pflanzliche Zutaten
- glutenfrei: ohne glutenhaltige Zutaten
- laktosefrei: ohne milchzuckerhaltige Zutaten
- ideal zum Abnehmen – mit einer ketogenen Ratio von 1 : 1 (siehe Kasten rechts)

Unter jeder Zutatenliste finden Sie zudem die **Nährwerte** (gerundet), damit Sie sehen, wie viel Fett, Protein und Kohlenhydrate in jeder Portion stecken. Bei Rezepten, die nach dem **Baukastenprinzip** aufgebaut sind, wie beispielsweise Dr. Karners Ketüsli auf Seite 32, beziehen sich die Nährwertangaben auf die farblich hervorgehobenen Zutaten. Die anderen in einer Zeile aufgeführten Zutaten können entweder alternativ verwendet werden oder einen Teil der erstgenannten Zutat ersetzen. In beiden Fällen können sich der Nährwert und die ketogene Ratio (etwas) ändern. Wer dies exakt berechnen möchte, kann auf Datenbanken im Internet zugreifen, z. B. auf www.fddb.info.

Eine weitere nützliche Angabe ist die **ketogene Ratio.** Je höher die ketogene Ratio einer Mahlzeit, desto höher ist ihr Fettanteil und desto mehr Ketone können gebildet werden.

Eine Übersicht, welche Gerichte die Genesung welcher **Erkrankung** besonders unterstützen, finden Sie ab Seite 179. Und weil Keto durch Kräuter und Gewürze noch gesünder wird, finden Sie ab Seite 138 zu jeder Krankheit passende Smoothie- und Teerezepte sowie nützliche Infos zu vielen Lebensmitteln.

Welche Ratio für wen?

Wer **abnehmen** möchte, und das trifft auch auf viele Typ-2-Diabetiker zu, dem empfehlen wir insbesondere die Rezepte mit einer ketogenen Ratio von 1 : 1.
Hintergrund: Zum Abnehmen soll in erster Linie körpereigenes Fett abgebaut werden, deshalb

Ketogene Ratio

Die ketogene Ratio bezeichnet das Verhältnis von Fett zur Summe aus Eiweiß und Kohlenhydraten. Damit beschreibt sie letztlich das Verhältnis von Nährstoffen, die die Ketonbildung fördern können (Fett), zu Nährstoffen, die neutral oder hemmend auf die Ketonbildung wirken (Eiweiß und Kohlenhydrate).

Ketogene Ratio =
Fett / Eiweiß + Kohlenhydrate

Beispiel Cloud-Bread-Sandwich auf Seite 40:
31 g Fett / 11 g Eiweiß + 3 g Kohlenhydrate = 31 / 14 = 2,2 : 1.
Gerundet ergibt sich eine Ratio von 2 : 1.

muss nicht so viel Fett gegessen werden (es ist jedoch mehr Fett erlaubt als bei üblichen Diäten). Ein geringer Kohlenhydratanteil und etwas mehr Eiweiß unterstützen die Sättigung und den Körperfettabbau.

Wer **sicher in Ketose** gelangen will, etwa bei Krebs- oder Hauterkrankungen, bei Diabetes, Autoimmunerkrankungen oder nicht alkoholischer Fettleber sowie bei zyklischer Anwendung einer ketogenen Ernährung zur Steigerung der mentalen oder körperlichen Leistungsfähigkeit, dem empfehlen wir vor allem Mahlzeiten mit einer ketogenen Ratio von 2 : 1 oder höher. Hintergrund: Diese Ratio passt, wenn es nicht vorrangig auf Gewichtsverlust ankommt oder dieser vermieden werden soll. Mit 2 : 1-Mahlzeiten kommt man jedoch mit hoher Wahrscheinlichkeit in eine milde Ketose (Blutwerte 0,5 bis 1,5 Millimol/Liter, Urinstäbchen hellviolett). Sollte es damit nicht klappen, können Sie die Speisen mit etwas Öl, Kokos- oder MCT-Öl, Weidebutter oder mit Gerichten und Dressings, die eine höhere Ratio haben (wie beispielsweise die Kokoscreme auf Seite 39 oder die Nussvinaigrette auf Seite 70), auffetten.

Auffetten der Rezepte

Prinzipiell lässt sich die ketogene Ratio und damit das Ketonbildungsvermögen eines Gerichts mit jedem Fett oder Öl steigern. Da mittelkettige Fettsäuren (siehe Seite 21) am schnellsten in Ketone umgewandelt werden, sind sie die idealen Keto-Booster. Kokosöl (60 % mittelkettige Fettsäuren) wirkt langsamer, MCT-Öle (100 %) wirken schnell.
Soll die ketogene Ratio eines Gerichts von 3 : 1 auf 4 : 1 gesteigert werden, muss man ihm nochmals ein Drittel seiner bisherigen Fettmenge hinzufügen.
Soll die ketogene Ratio eines Gerichts von 2 : 1 auf 3 : 1 gesteigert werden, muss man ihm nochmals die Hälfte seiner bisherigen Fettmenge zugeben.

Wie Keto zu Low Carb wird

Die Rezepte lassen sich ebenso gut abfetten: zu nicht ketogenen Low-Carb-Gerichten. Diese eignen sich auch bei Diabetes und zum Abnehmen, es geht jedoch langsamer. Dazu werden die besonders fettreichen Zuaten entweder reduziert (um 30 bis 50 %) oder durch fettärmere Varianten ersetzt, Mascarpone durch Sahnequark oder Crème fraîche durch Sahnejoghurt, Macadamianüsse durch Mandeln oder Kokoschips. Außerdem werden dazu die eiweißreichen Lebensmittel (Eier, Milchprodukte, Fleisch, Fisch, Hülsenfrüchte) etwas erhöht. Auch der Kohlenhydratgehalt darf steigen (bis auf ca. 25 % der Kalorien). Dazu empfehlen wir gesunde Kohlenhydrate, wie sie in stärkereichen Gemüsen (beispielsweise Möhren, Erbsen, Kartoffeln), in Sauerteigbrot und in Früchten wie Äpfeln, Birnen, Pflaumen oder Feigen vorkommen.

Wer **möglichst viele Ketone** bilden will, etwa zur Bekämpfung neurologischer Erkrankungen oder von MS, dem empfehlen wir vor allem Gerichte mit einer ketogenen Ratio von 3 : 1. Damit ist nicht nur die Ketonbildung gesichert, es entstehen auch höhere Ketonspiegel (Blutwerte 1,5 bis 5 Millimol/Liter, Urinstäbchen dunkelviolett) als bei Mahlzeiten mit geringerer Ratio.

Ein (!) Gläschen in Ehren ...

... kann und will Ihnen auch bei keto-gesunder Ernährung niemand verwehren, vorausgesetzt, Sie wählen einen trockenen Wein (rot: ca. 2,5 g Kohlenhydrate pro 0,1 l, weiß: ca. 0,5 g) oder eine praktisch kohlenhydratfreie Spirituose (z. B. Gin, Obstbrände). Meiden Sie süße Weine, übliche Biere und alles Zuckerhaltige wie Cocktails und andere Mischgetränke. Bedenken Sie aber bitte auch, dass die Leber gerade in der Umstellungsphase auf eine ketogene Ernährung ohnehin viel zu tun hat und dann nicht noch zusätzlich mit der Entgiftung von Alkohol belastet werden sollte. Gleiches gilt, wenn Sie Medikamente einnehmen oder leberkrank sind. Zudem reagieren manche Menschen empfindlich auf Alkohol und rutschen schon bei kleinen Mengen aus der Ketose.

Welches Gericht bei welcher Krankheit?

Prinzipiell dürfen Sie natürlich alle Gerichte aus unserem Keto-Kochbuch genießen und auch Ihren Freunden und Familienmitgliedern servieren, sofern keine medizinischen Gründe dagegensprechen. Ab Seite 179 finden Sie zudem ein Register, in dem die Rezepte den Krankheiten zugeordnet sind.

Keto nachhaltig

Kritiker einer ketogenen Ernährung bemängeln gerne, dass dabei viel zu viel Fleisch und andere ökologisch bedenkliche Lebensmittel auf den Tisch kämen. Doch wer keto-gesund isst, kann dies auch nachhaltig(er) tun. Wie unsere Rezepte zeigen, ist eine keto-gesunde Ernährung sehr pflanzenbetont und keineswegs fleischlastig. Zudem empfehlen wir, wann immer möglich, ökologisch und/oder nachhaltig produzierte Lebensmittel zu bevorzugen. Dazu gehört es, möglichst regional und saisonal einzukaufen bzw. auf fair gehandelte Bio-Produkte zu achten. Um den ökologischen Fußabdruck bei tierischen Lebensmitteln gering zu halten, empfehlen wir, lieber kleinere Portionen, dafür aus nachhaltiger Produktion zu wählen: Fische und Meeresfrüchte sollten möglichst aus nicht überfischten Wildfangbeständen oder aus nachhaltiger Bio-Aquakultur kommen. Spezielle Siegel informieren darüber. Produkte von Landtieren sollten aus Bio- und/oder Weidehaltung stammen oder von heimischem Wild. Diese Tiere hinterlassen einen sehr viel geringeren ökologischen Fußabdruck als Tiere aus Intensivmast. Ökologische Landwirtschaft trägt unter anderem zur Humusbildung bei und bindet damit CO_2 im Boden.

Wichtig

Mit einer ketogenen Ernährung erreicht man in aller Regel keine gefährlichen Blutketonwerte von mehr als 8 bis 10 Millimol/Liter. Sollte dies dennoch einmal vorkommen (beispielsweise durch den Einfluss verschiedener Erkrankungen, Medikamente oder fehlende Insulingaben bei Typ-1-Diabetes) und/oder für den Fall, dass Sie sich bei ketogener Ernährung miserabel fühlen und hohe Blutzuckerwerte aufweisen, brechen Sie bitte sofort ab und verständigen Sie einen (Not-)Arzt! Um diese Situation zu vermeiden, sollten unbedingt vor Beginn und während einer ketogenen Ernährung regelmäßige Laborkontrollen durchgeführt werden.

Ketogene Vorratshaltung

Diese Basics sollten Sie immer im Haus haben, wenn Sie schnell und unkompliziert keto-gesunde Mahlzeiten zubereiten möchten:

1. Frisches Gemüse der Saison oder tiefgekühltes Gemüse: z. B. Brokkoli, Fenchel, Kohlrabi, Knollensellerie, Blumenkohl, Spinat und andere Blattgemüse
2. Frisches oder tiefgekühltes Beerenobst (Himbeeren, Blaubeeren, Brombeeren, Johannisbeeren)
3. Avocados
4. Natives Kokosöl und Kokosmilch oder Kokoscreme, ungesüßten Mandeldrink oder andere Pflanzendrinks
5. Natives Olivenöl und nach Geschmack weitere kalt gepresste Pflanzenöle
6. Weidebutter und Butterschmalz
7. Vollfette Milchprodukte wie griechischen Joghurt (10 % Fett), vollfetten Speisequark, Sahne, Crème fraîche oder Mascarpone
8. Feta (Schafskäse), Mozzarella, Weichkäse, Hart- und Schnittkäse
9. Eier, möglichst aus Bio- und/oder Freilandhaltung
10. TK-Fleisch und -Fisch, haltbare Fisch- und Fleischkonserven wie Räucherfisch oder luftgetrocknete Schinken und Salamis, Frühstücksspeck, jeweils ohne Zucker und Nitritpökelsalz und möglichst in Bio-Qualität
11. Oliven und Nusskerne (Mandeln, Macadamianüsse, Walnüsse), Nussmehle (z. B. Mandelmehl) und ungesüßte Nussmuse, Saaten (z. B. Leinsaat, Hanfsamen, Chiasamen) und daraus hergestellte Mehle
12. Kakao und dunkle Schokolade (mind. 70 % Kakaoanteil), bei Bedarf alternative Süßungsmittel wie Erythrit oder Stevia, keto-geeignete Backmischungen, Riegel und zuckerfreie Geliermittel für Konfitüre (siehe Seite 183)

Und:

möglichst immer einen kleinen Vorrat an frischen Salaten, Pilzen und Kräutern!

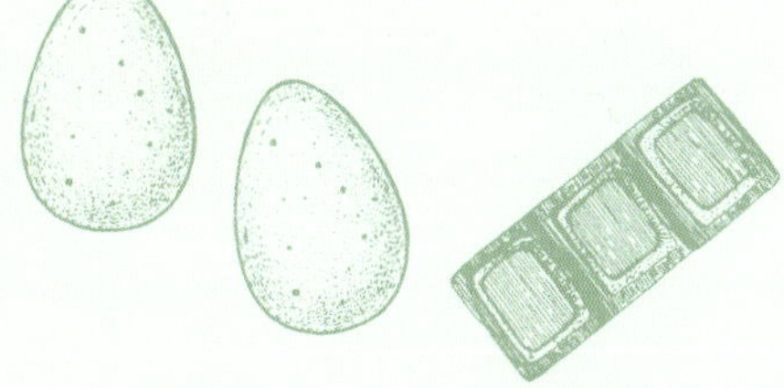

Frühstück & Snacks

Mit Keto-Overnight-Seeds, saftigem Saatenbrot oder einem herzhaften Cloud-Bread-Sandwich gelingt der Start in den Tag mit viel Power, aber fast ohne Kohlenhydrate. Vieles lässt sich schon am Vortag vorbereiten, sodass am Morgen mehr Zeit zum Genießen bleibt. Oder es sind kleine Gerichte, die Sie prima für unterwegs mitnehmen können. Durch die ausgeklügelte Zusammensetzung der Rezepte bleiben der Blutzucker- und Insulinspiegel niedrig – das verhindert Heißhunger.

Keto-Overnight-Seeds
mit Beeren und Kokoschips

100 ml Kokosmilch
40 g geschälte Hanfsamen
1 TL Chiasamen
1 Msp. gemahlene Vanille oder einige Tropfen natürlicher Vanilleextrakt
1 TL natives Kokosöl
10 g Kokoschips
100 g gemischte Beeren (z. B. Blaubeeren, Brombeeren, Himbeeren oder Johannisbeeren)

Für 1 Person | Zubereitung: 10 Minuten | Quellen: 8 Stunden (über Nacht)
Pro Portion: ca. 610 kcal, 13 g EW, 51 g F, 13 g KH | Ketogene Ratio: 1 : 1

Am Vorabend die Kokosmilch mit Hanfsamen, Chiasamen und Vanille in einem Schraubglas mischen. Das Glas verschließen und die Samen mindestens 8 Stunden, am besten über Nacht, im Kühlschrank quellen lassen.

Am nächsten Morgen das Öl in einer kleinen Pfanne zerlassen und die Kokoschips darin hell rösten. Herausnehmen und abkühlen lassen. (Zum Abnehmen die Kokoschips ohne Öl rösten und darüberstreuen.)

Inzwischen die Beeren verlesen, waschen und trocken tupfen. Zum Servieren die Beeren auf den Overnight Seeds verteilen und mit den gerösteten Kokoschips bestreuen.

TIPP

Bei Obst sollten Sie in der Keto-Küche immer zuckerarme Sorten wie Beeren, Kiwi oder Papaya verwenden. Ein hoher Zuckergehalt würde die Bildung der erwünschten Ketonkörper bremsen. Da Beeren neben viel Vitamin C auch jede Menge weitere Vitamine, Spurenelemente und sekundäre Pflanzenstoffe liefern, dürfen Sie sich hiervon ruhig ein paar mehr gönnen.

Dazu passt eine Tasse Bulletproof Coffee: Dafür pro Person 1 EL Weidebutter oder natives Kokosöl in 1 Tasse frisch gebrühten Kaffee rühren – nach Belieben Butter oder Kokosöl mit 1 Schuss Milch (ersatzweise ungesüßtem Soja-, Kokos- oder Nussdrink) mit dem Milchschäumer aufschäumen. Mit Kakao- oder Zimtpulver oder gemahlenem Kardamom bestreuen.

Dr. Karners Ketüsli

Für 1 Person | Zubereitung: 5 Minuten

Pro Portion (grüne Zutaten): ca. 760 kcal, 13 g EW, 74 g F, 11 g KH | Ketogene Ratio: 3 : 1

5 EL Saaten und Nusskerne (nach Belieben gemischt)

- gehackte Mandeln
- gehackte Paranusskerne
- Kokosraspel
- Macadamianusskerne
- geschälte Hanfsamen
- Haselnussblättchen

&

150 g Milchprodukt (nach Wahl)

- griechischer Joghurt (10 % Fett)
- Quark (20 % Fett)
- Quark (40 % Fett)

&

3 EL ungesüßter Pflanzendrink (nach Wahl)

- Kokosmilch
- Haselnussdrink
- Mandeldrink

&

3 EL hochwertiges Pflanzenöl (nach Wahl)

- natives Kokosöl
- natives Leinöl oder MCT-Öl

&

30 – 50 g fruchtzuckerarmes Obst (nach Wahl)

- 50 g Blaubeeren
- ½ säuerlicher Apfel (in Würfeln)
- 1 EL Granatapfelkerne
- 50 ml Sanddornsaft (mit Zimt)
- 1 EL frische Cranberrys
- 50 g Wildbeeren (nach Saison oder tiefgekühlt)

Noch mehr Müsli-Ideen

Das Ketüsli sorgt für den ultimativen Antioxidantien-Kick am Morgen. Mit 3 EL Öl wirkt es aber auch als Keto-Booster. Wer abnehmen will, nimmt nur 1 EL, dann sinkt die ketogene Ratio. Zur Verdauungsförderung kann man noch 1 TL Leinsamen oder Flohsamenschalen hinzufügen, dann nicht vergessen, ausreichend (2 Gläser) dazu zu trinken. Geschmacklich verfeinern lässt sich das Ketüsli mit 1 EL reinem Kakaopulver oder Kakaonibs, 1 Prise gemahlener Vanille, Kardamom oderZimtpulver. Sie können auch mit etwas Erythrit oder Stevia süßen.

Saaten-Nuss-Brot

3 EL natives Kokosöl, 1 EL Erythrit
1 Tasse Sonnenblumenkerne (140 g)
½ Tasse Leinsamen (100 g; ganz oder geschrotet)
½ Tasse gehackte Mandeln oder Walnusskerne (100 g)
1 Tasse Haferkleie (95 g)
2 EL Chiasamen
6 EL Flohsamenschalen
1 TL feinkörniges Meersalz
1–1 ½ Tassen lauwarmes Wasser (400–450 ml)

Für 1 Kastenform (ca. 25 cm Länge, 16 Scheiben) | Zubereitung: 10 Minuten
Quellen: 2 Stunden (über Nacht) | Backen: 1 Stunde
Pro Scheibe: ca. 155 kcal, 7 g EW, 10 g F, 7 g KH | Ketogene Ratio: 1 : 1

Am Vortag die Form mit Backpapier auslegen. Das Kokosöl in einer Metallschüssel über dem heißen Wasserbad unter Rühren schmelzen, Erythrit oder Stevia hinzufügen, vom Wasserbad nehmen. Alle trockenen Zutaten in einer Rührschüssel mischen. Das lauwarme Wasser und die Kokosölmischung dazugeben und alles so lange verrühren, bis die trockenen Zutaten feucht sind. Falls der Teig zu fest ist, noch 1 bis 2 TL Wasser unterrühren. Den Brotteig in die Kastenform füllen und mindestens 2 Stunden, am besten über Nacht, bei Zimmertemperatur quellen lassen.

Am nächsten Tag den Backofen auf 175 °C vorheizen. Das Brot im Ofen auf der mittleren Schiene zunächst etwa 20 Minuten backen. Danach das Brot aus dem Ofen nehmen, aus der Kastenform lösen und mit der Oberseite nach unten direkt auf das Ofengitter legen. Das Brot im Ofen noch weitere 40 Minuten backen.

Das Brot ist fertig, wenn es beim Klopfen auf die Unterseite hohl klingt. Aus dem Ofen nehmen und vollständig auskühlen lassen. Luftdicht verpackt hält es 5 Tage. Es lässt sich gut in Scheiben einfrieren.

KETO-TIPP

Wer will, kann den Brotteig noch mit gemahlener Kurkuma, Kümmel, Anis, Fenchel, Koriander, Sternanis, Muskatnuss, Kardamom, Pfeffer, Zimt oder Gewürznelken würzen. Auch Wildkräuter wie Gundermann oder Brennnesselsamen passen gut. Die ketogene Ratio erhöht sich mit einem fettreichen Aufstrich wie Guacamole (siehe Seite 48) oder Kokoscreme (siehe Seite 39).

Keto-Knäckebrot
mit Saaten und Kernen

1 Tasse Leinsamen (135 g)
1 Tasse Goldleinsamen (200 g)
½ Tasse Flohsamenschalen (65 g)
½ Tasse geschälte Hanfsamen (65 g)
¼ Tasse Sonnenblumenkerne (35 g)
¼ Tasse Kürbiskerne (30 g)
1–2 TL Salz (nach Bedarf)
2–3 EL kalt gepresstes Öl (z. B. Olivenöl)
Kräuter und/oder Gewürze nach Belieben

Für 18 Scheiben | Zubereitung: 10 Minuten | Quellen: 10 Minuten
Backen: 2 x 25 – 40 Minuten
Pro Scheibe: 115 kcal, 7 g EW, 9 g F, 1 g KH | Ketogene Ratio: 1 : 1

Den Backofen auf 180 °C vorheizen. Zwei Backbleche mit Backpapier belegen.

Alle trockenen Zutaten in einer Rührschüssel gut mischen, das Öl dazugeben und gründlich unterrühren. Dann 1 Tasse Wasser dazugießen und weiterrühren, sodass alles gut einweichen kann. Falls die Masse zu fest ist, noch etwas Wasser hinzufügen. Bei Zimmertemperatur etwa 10 Minuten quellen lassen.

Anschließend alles nochmals verrühren und jeweils eine Hälfte auf einem Backblech flach ausstreichen (dazu ggf. zwischen 2 Lagen Backpapier ausrollen oder flach drücken). Die Knäckebrotplatten nacheinander im Ofen auf der mittleren Schiene 25 bis 40 Minuten knusprig backen – je nach Ofen und Wassergehalt.

Aus dem Ofen nehmen, die Platten sofort in je 9 Stücke schneiden und auf einem Kuchengitter abkühlen lassen. Wenn man sie in einer luftdicht schließenden Dose aufbewahrt, bleiben die Knäckescheiben etwa 2 Wochen knusprig.

KETO-TIPP

Dazu passt Mandelmus zum Bestreichen oder Kräuterquark zum Dippen – so wird die ketogene Ratio auch höher. Oder Sie wählen einen der Dips und Aufstriche von Seite 82. Das Knäckebrot eignet sich aber auch pur als Beilage zu Salaten.

Süße Brotaufstriche

Natürlich sind auch in der Keto-Küche Konfitüren und Cremes erlaubt – am besten mit fruchtzuckerarmem Obst und reichlich Nüssen und Mandeln. Damit das Frühstück garantiert ketogen wird, sollten Sie Konfitüre und Schoko-Nuss-Creme mit einem Nussbrot und/oder Weidebutter kombinieren.

Chia-Konfitüre

200 g Himbeeren verlesen, waschen und trocken tupfen (Tiefkühlware auftauen lassen). Beeren in einem Topf kurz aufkochen. **1½ bis 2 EL Chiasamen** mit **3 EL Erythrit** und **1 Prise Stevia** in die abgekühlten Früchte geben und gut untermischen. Nach Belieben mit etwas **gehackter Minze** verfeinern. Die Konfitüre in ein steriles Schraubglas geben, verschließen und mindestens 2 Stunden, am besten über Nacht, im Kühlschrank quellen lassen. Hält sich 1 bis 2 Wochen im Kühlschrank. (Alternativ die Beeren nicht aufkochen, sondern einfach roh mit einer Gabel zerdrücken oder im Mixer zerkleinern – die Chia-Konfitüre hält sich dann allerdings nicht so lange.)

Für 10 Portionen (à ca. 1 EL)
Zubereitung: 10 Minuten | Quellen: 2 Stunden (über Nacht)
Pro Portion: ca. 20 kcal, 1 g EW, 1 g F, 4 g KH
Ketogene Ratio: 1 : 5

Schokocreme

100 ml Kokosmilch, 100 g Weidebutter, 120 g Erythrit und **80 g Sahne** in einem Topf einmal aufkochen, dann vom Herd nehmen. **100 g gemahlene Mandeln, 30 g Kakaopulver** und den Kokosmilch-Mix in den Mixer geben und etwa 1 Minute hochtourig mixen. Nach Belieben mit etwas **Zimtpulver** oder **gemahlener Vanille** verfeinern. Die Masse in ein steriles Schraubglas geben, verschließen und abkühlen lassen, anschließend noch etwa 1 Stunde kühl stellen. Die Schoko-Nuss-Creme hält sich im Kühlschrank etwa 1 Monat.

Für 20 Portionen (à ca. 1 geh. EL)
Zubereitung: 10 Minuten | Kühlen: 1 Stunde
Pro Portion: ca. 95 kcal, 2 g EW, 2 g F, 1 g KH
Ketogene Ratio: 1 : 1

Kokoscreme

200 g Kokosmus mit **30 g weicher Weidebutter,** dem ausgekratzten **Mark von 1 Vanilleschote** und **1 bis 2 TL Erythrit** nach Belieben in einem hohen Rührbecher mit dem Stabmixer oder im Mixer zu einer cremigen Masse mixen. **25 g Kokosraspel** in einer Pfanne ohne Fett hell anrösten, herausnehmen, kurz abkühlen lassen und unter die Kokos-Vanille-Creme mischen. Die Creme in ein steriles Schraubglas füllen und verschließen. Kühl aufbewahrt hält sie sich etwa 1 Monat.

Für 20 Portionen (à ca. 1 geh. EL)
Zubereitung: 10 Minuten | Quellen: 2 Stunden (über Nacht)
Pro Portion: ca. 90 kcal, 1 g EW, 9 g F, 1 g KH
Ketogene Ratio: 5 : 1

Cloud-Bread-Sandwich
mit Gemüse und Crème fraîche

- 2 EL kalt gepresstes Olivenöl
- 2 Eier (Größe M)
- 2 Msp. glutenfreies Backpulver
- Salz
- 25 g Doppelrahmfrischkäse
- 1 EL helle Sesamsamen
- 4 Radieschen
- ¼ Salatgurke
- 3 Dillstiele
- 25 g Rucola
- 50 g Crème fraîche
- Pfeffer aus der Mühle

Für 2 Personen | Zubereitung: 30 Minuten | Backen: 15 Minuten
Pro Portion: ca. 330 kcal, 11 g EW, 31 g F, 3 g KH | Ketogene Ratio: 2 : 1

Den Backofen auf 150 °C vorheizen. Ein Backblech mit Backpapier belegen und mit Öl einfetten. Die Eier trennen, die Eiweiße mit Backpulver und 1 kräftigen Prise Salz in einer Rührschüssel mit den Quirlen des Handrührgeräts steif schlagen. Eigelbe und Frischkäse mit den Quirlen etwa 5 Minuten verrühren, dann den Eischnee mit einem Teigschaber vorsichtig unterheben.

Die Masse auf dem Backblech nebeneinander zu 4 runden Fladen (à ca. 12 cm Durchmesser) verteilen und mit Sesam bestreuen. Im Ofen auf der mittleren Schiene etwa 15 Minuten backen. Herausnehmen und auf dem Blech etwa 5 Minuten abkühlen lassen. Dann mit einem Messer vorsichtig vom Backpapier lösen und auf einem Kuchengitter vollständig auskühlen lassen.

Inzwischen Radieschen und Gurke putzen, waschen und auf der Gemüsereibe in dünne Scheiben hobeln. Dill waschen, trocken schütteln und die Spitzen abzupfen. Rucola verlesen, waschen und trocken schütteln, dabei grobe Stiele entfernen. Die Crème fraîche mit Salz und Pfeffer würzen und zwei Fladen damit bestreichen. Jeweils mit Radieschen, Gurke, Dill und Rucola belegen und einen zweiten Fladen darauflegen.

TIPP

In der Keto-Küche werden Eier im Handumdrehen zu kleinen „Clouds“, also Wölkchen. Sie eignen sich prima als kohlenhydratfreier Ersatz für lockere Brote wie Fladenbrot oder Brötchen. Dazu passen auch herzhafte Aufstriche (siehe Seite 82).

Omelett
mit Spinat und Lachs

1 kleine Zwiebel
1 kleine Knoblauchzehe
200 g junger Spinat
4 EL natives Kokosöl
Salz, Pfeffer aus der Mühle
frisch geriebene Muskatnuss
1 Ei (Größe M)
1 EL Crème fraîche
25 g geriebener Gratinkäse
2 Scheiben Räucherlachs (à ca. 15 g)

Für 1 Person | Zubereitung: 20 Minuten
Pro Portion: ca. 665 kcal, 27 g EW, 62 g F, 3 g KH | Ketogene Ratio: 2 : 1

Zwiebel und Knoblauch schälen und in feine Würfel schneiden. Den Spinat verlesen, waschen und trocken schütteln, dabei grobe Stiele entfernen. In einem Topf 2 EL Öl erhitzen und Zwiebel und Knoblauch darin andünsten. Den Spinat dazugeben und unter Wenden etwa 2 Minuten zusammenfallen lassen. Mit Salz, Pfeffer und Muskat abschmecken und beiseitestellen.

Das Ei mit der Crème fraîche verquirlen, mit Salz und Pfeffer würzen. Das übrige Öl (2 EL) in einer Pfanne erhitzen und die Eiermasse darin durch Schwenken verteilen. Das Omelett 1 bis 2 Minuten stocken lassen, dann wenden. Das geht am besten, wenn Sie es mit einem Pfannenwender rundum ablösen. Die Pfanne mit einem großen Teller bedecken, umdrehen und das Omelett wieder in die Pfanne gleiten lassen.

Das Omelett mit dem Käse bestreuen und mit geschlossenem Deckel bei schwacher Hitze noch 2 bis 3 Minuten weiterbraten, bis der Käse geschmolzen ist. Zum Servieren das Omelett auf einen Teller gleiten lassen. Eine Hälfte mit Lachs und Spinat belegen, die andere Hälfte locker darüberklappen.

MEDIZIN AUS DER KÜCHE

Spinat behält seine vielen Antioxidantien, wenn er möglichst frisch zubereitet und dabei nur kurz gegart wird. Dämpfen ist ideal, beim Kochen in Wasser verliert er drei Viertel seiner wertvollen Phytonährstoffe ans Kochwasser. Wenn er gelagert werden muss, verpackt man ihn am besten in einen mikroperforierten Beutel – so hält er sich gut 3 Tage.

Eggs Benedict
mit Spargel, Bacon und Dill-Hollandaise

200 g grüner Spargel, Salz
5 Dillstiele
40 g Weidebutter
1 Eigelb (Größe S)
1 TL Joghurt
etwas Zitronensaft
Pfeffer aus der Mühle
2 EL Weißweinessig
1 Ei (Größe M)
1 Scheibe Bacon (ca. 15 g)

Für 1 Person | Zubereitung: 25 Minuten
Pro Portion: ca. 510 kcal, 17 g EW, 47 g F, 6 g KH | Ketogene Ratio: 2 : 1

Den Spargel waschen und im unteren Drittel schälen, die holzigen Enden abschneiden. In einem Topf knapp mit Salzwasser bedeckt mit geschlossenem Deckel aufkochen, dann die Hitze reduzieren und den Spargel bei schwacher Hitze 10 bis 12 Minuten bissfest garen.

Inzwischen den Dill waschen, trocken schütteln, die Spitzen abzupfen und grob hacken. Die Butter zerlassen. Das Eigelb mit Joghurt, Zitronensaft und etwas Salz in einem hohen Rührbecher mit dem Stabmixer verquirlen. Die zerlassene Butter langsam einlaufen lassen und untermixen. Die Hollandaise mit Salz und Pfeffer würzen, in eine Metallschüssel füllen und den Dill unterheben. Über dem heißen Wasserbad erwärmen und warm halten. Vorsicht, die Hollandaise darf nicht zu heiß werden!

In einem Topf 1 l Wasser mit dem Essig und 1 EL Salz erhitzen. Das Ei in eine Tasse aufschlagen, in ein feinmaschiges Küchensieb geben, ins Wasser halten und vorsichtig aus dem Sieb ins Wasser gleiten lassen. Das Ei bei schwacher Hitze etwa 5 Minuten garen.

Währenddessen den Bacon in einer Pfanne ohne Fett knusprig auslassen. Das Ei mit einer Schaumkelle aus dem Wasser heben und auf Küchenpapier abtropfen lassen. Den Spargel herausnehmen und ebenfalls abtropfen lassen.

Zum Servieren den Spargel auf einen Teller geben, zuerst den Bacon, dann das pochierte Ei daraufsetzen. Alles mit etwas Dill-Hollandaise beträufeln, die restliche Hollandaise extra dazu reichen.

Schinken-Wraps
mit Pesto-Creme, Rucola und Tomaten

1 Ei (Größe M)
2 TL kalt gepresstes Olivenöl
Salz, Pfeffer aus der Mühle
50 g Rucola
2 Tomaten
50 g Crème fraîche
50 g griechischer Joghurt (10 % Fett)
20 g glutenfreies grünes Pesto (kohlenhydratarmes Fertigprodukt oder selbst gemacht, siehe Seite 116)
1 Scheibe Kochschinken (ca. 15 g)

Für 1 Person | Zubereitung: 15 Minuten
Pro Portion: ca. 615 kcal, 17 g EW, 58 g F, 7 g KH | Ketogene Ratio: 2 : 1

Das Ei mit ½ TL Öl und ½ TL Wasser gründlich verquirlen, mit Salz und Pfeffer würzen. Das übrige Öl in einer Pfanne erhitzen und die Eiermasse darin durch Schwenken verteilen. Das Omelett bei mittlerer Hitze etwa 1 Minute stocken lassen, dann wenden und kurz weiterbraten. Anschließend herausnehmen und etwas abkühlen lassen.

Inzwischen den Rucola verlesen, waschen und trocken schütteln, dabei grobe Stiele entfernen. Die Tomaten waschen und in schmale Scheiben schneiden, dabei die Stielansätze entfernen. Die Crème fraîche mit Joghurt und Pesto verrühren, mit Salz und Pfeffer abschmecken.

Zum Servieren das Omelett mit etwas Pesto-Creme bestreichen und den Schinken darauflegen. Anschließend den Rucola und die Tomaten darauf verteilen und das Omelett aufrollen, nach Belieben schräg halbieren. Die übrige Creme extra dazu reichen.

KETO-TIPP
Für eine ketogene Ratio von 3 : 1 die Pesto-Creme nicht mit Joghurt, sondern mit 100 g Crème fraîche anrühren und statt Schinken Räucherlachs als Belag für die Wraps verwenden.
Für eine ketogene Ratio von 1 : 1 (für alle, die abnehmen wollen) die Crème fraîche weglassen und nur 1 TL Olivenöl nehmen.

Keto-Guacamole
mit Gemüse-Sticks

1 kleine Avocado
(ca. 200 g Fruchtfleisch)
2 EL flüssiges natives Kokosöl
Salz, Pfeffer aus der Mühle
etwas Limettensaft
300 g Gemüse
(z. B. Staudensellerie, Möhren,
rote Paprikaschoten)

Für 2 Personen | Zubereitung: 10 Minuten
Pro Portion: ca. 250 kcal, 3 g EW, 23 g F, 9 g KH | Ketogene Ratio: 2 : 1

Für die Keto-Guacamole die Avocado halbieren und den Kern entfernen. Das Fruchtfleisch aus den Schalen lösen, in einen hohen Rührbecher geben. Kokosöl dazugeben und alles mit dem Stabmixer cremig pürieren. Die Guacamole mit Salz, Pfeffer und Limettensaft abschmecken.

Das Gemüse je nach Sorte putzen und schälen beziehungsweise waschen, jeweils in mundgerechte Sticks schneiden. Die Keto-Guacamole mit den Gemüse-Sticks zum Dippen servieren. Sie passt auch als Aufstrich zum Saaten- bzw. Knäckebrot von Seite 34 bzw. 36 oder als Dip zu den Käsecrackern von Seite 52.

TIPP
Für dieses Rezept sollten Sie unbedingt eine reife, weiche Avocado verwenden. Unreife Avocados kann man in Zeitungspapier wickeln und mit einem Apfel in der Obstschale aufbewahren – dann reifen sie schnell nach. Übrigens: Weil sie den höchsten Gehalt an Vitalstoffen hat, gilt die Avocadosorte „Hass“ als die gesündeste.

MEDIZIN AUS DER KÜCHE
4 bis 5 Stangen Staudensellerie am Tag wirken nachweislich blutdrucksenkend und können vor Krebs schützen. Auch entzündungshemmende und antirheumatische Eigenschaften werden den hellgrünen Stangen nachgesagt, die nicht umsonst zu den heimischen „Superfoods“ zählen.

„Kummus“

Für 2 Personen | Zubereitung: 15 Minuten

Pro Portion (grüne Zutaten und Chips): ca. 345 kcal, 9 g EW, 32 g F, 7 g KH | Ketogene Ratio: 2 : 1

30 g Nusskerne (nach Belieben gemischt)

Macadamianusskerne	Paranusskerne	Haselnusskerne	Walnusskerne	Mandeln	Cashewkerne

&

2 TL Nussmus (nach Wahl)

Tahin (Sesampaste)	Mandelmus	Haselnussmus	Erdnussmus	Kokosmus

&

3 EL Milchprodukt (nach Wahl)

Crème fraîche	Mascarpone	griechischer Joghurt (10 % Fett) *Diese Variante zum Abnehmen*

&

Geschmacks-Extras (nach Wahl)

1 Prise gemahlener Kreuzkümmel	1 Prise Currypulver oder gemahlene Kurkuma	1 TL gehackte Kräuter (z. B. Petersilie, Schnittlauch, Thymian)

Zum Dippen

Für den „Kummus“ die ausgewählten Zutaten im Blitzhacker fein pürieren. Der „Kummus“ ist der perfekte Dip für Grünkohlchips. Dafür (für 2 Personen) 2 EL kalt gepresstes Olivenöl in 300 g Grünkohlblätter (ohne Stiele und Blattrippen) mit den Händen „einmassieren“ und 10 Minuten stehen lassen. Mit Salz und 1–2 TL Zitronensaft würzen, auf einem Backblech verteilen und im auf 130 °C vorgeheizten Ofen auf der mittleren Schiene 30 Minuten backen, dabei öfter wenden. Im geöffneten, ausgeschalteten Ofen auskühlen lassen.

Käsecracker
mit Paprikacreme

- 50 g Emmentaler (am Stück)
- 50 g gegrillte Paprikaschoten (in Lake oder Öl eingelegt)
- 100 g Crème fraîche
- 3 Petersilienstiele
- Salz, Pfeffer aus der Mühle

Für 2 Personen | Zubereitung: 20 Minuten | Backen: 12–15 Minuten
Pro Portion: ca. 245 kcal, 9 g EW, 23 g F, 2 g KH | Ketogene Ratio: 2 : 1

Den Backofen auf 150 °C vorheizen. Ein Backblech mit Backpapier belegen.

Den Emmentaler fein reiben. Die Käseraspel als 12 kleine Häufchen nebeneinander auf das Blech setzen und jeweils mit einem Löffel flach drücken (ca. 8 cm Durchmesser). Im Ofen auf der mittleren Schiene 12 bis 15 Minuten backen, bis die Cracker goldbraun sind. Herausnehmen und auf dem Blech auskühlen lassen.

Inzwischen für die Creme die Paprikaschoten abtropfen lassen, in grobe Stücke schneiden und in einen hohen Rührbecher geben. Die Crème fraîche dazugeben und alles mit dem Stabmixer fein pürieren.

Die Petersilie waschen, trocken schütteln, die Blätter abzupfen und fein hacken. Die Petersilie unter die Paprikacreme mischen. Die Creme mit Salz, Pfeffer und nach Belieben mit Chilipulver abschmecken.

Zum Servieren die Cracker mit einem Pfannenwender vom Backpapier lösen und mit der Paprikacreme anrichten.

TIPP
Zu den Crackern passt auch der „Kummus" von Seite 50 oder ein frischer Wildkräutersalat. Mehr Würze bekommen die Cracker, wenn man 1 TL gehackten Rosmarin unter die Käseraspel mischt.

Gurkentaler
mit Nuss-Crème-fraîche

½ Salatgurke (ca. 200 g)
30 g ungesüßtes Nussmus (z. B. Haselnuss- oder Mandelmus)
100 g Crème fraîche
Salz
5 Schnittlauchhalme

Für 2 Personen | Zubereitung: 10 Minuten
Pro Portion: ca. 245 kcal, 6 g EW, 23 g F, 5 g KH | Ketogene Ratio: 2 : 1

Die Salatgurke putzen, waschen und in etwa ½ bis 1 cm dicke Scheiben schneiden. Die Scheiben nebeneinander auf einer Platte verteilen.

Das Nussmus mit der Crème fraîche glatt rühren, mit Salz und nach Belieben mit Chilipulver abschmecken. Die Nusscreme als Kleckse auf die Gurkentaler verteilen.

Den Schnittlauch waschen, trocken schütteln und in feine Röllchen schneiden. Zum Servieren die Gurkentaler mit den Schnittlauchröllchen bestreuen.

TIPP
Als Snack für unterwegs Gurkentaler und Nusscreme getrennt verpacken und mitnehmen. Wer will, baut aus Gurken und Nusscreme kleine „Burger" – dafür immer 3 Gurkenscheiben mit Nusscreme dazwischen stapeln. Die Nusscreme passt als Dip auch zu anderen Gemüse-Sticks (z. B. zu rohen Staudensellerie-, Möhren-, Kohlrabi- oder Paprika-Sticks).

KETO-TIPP
Wenn Sie abnehmen möchten, reduzieren Sie die ketogene Ratio, indem Sie die Crème fraîche durch griechischen Joghurt (10 % Fett) ersetzen.

Gewürznüsse

Für 10 Personen (1 Portion = 30 g) | Zubereitung: 8 Minuten | Garen: 12 Minuten

Pro Portion (grüne Zutaten): ca. 195 kcal, 5 g EW, 19 g F, 1 g KH | Ketogene Ratio: 3 : 1

2 gehäufte TL Gewürzmischung (nach Wahl)

Tandoori-Gewürz (aus dem Asialaden)	Currypulver oder Garam Masala	mediterranes Gewürz	geräuchertes Paprikapulver	Vanillepulver	Zimtpulver

&

1 TL Geschmacksgeber (nach Wahl)

Salz	Erythrit mit gemahlener Vanille	Erythrit mit Zimtpulver

&

1 Eiweiß (Größe S)

&

300 g Nusskerne (nach Belieben gemischt)

Macadamianusskerne	Walnusskerne	Haselnusskerne	Mandeln *Diese Variante zum Abnehmen*	Paranusskerne	Cashewkerne

So wird's gemacht

Gewürzmischung und Geschmacksgeber in einer Schüssel mischen. Das Eiweiß mit einer Gabel schaumig verquirlen, die Nüsse damit rundum überziehen und im Gewürzmix wälzen. Auf einem mit Backpapier belegten Blech verteilen und im auf 190 °C vorgeheizten Ofen auf der unteren Schiene etwa 12 Minuten rösten. Dabei nach etwa 6 Minuten alles gut durchrütteln. In einem Schraubglas sind die Gewürznüsse etwa 3 Monate haltbar. Sie sind das ideale Fingerfood, ein gern gesehenes Mitbringsel und machen sich prima als Salat-Topping.

Spinat-Smoothie
mit Avocado und Minze

½ große Avocado (ca. 150 g Fruchtfleisch)
50 g junger Spinat
3 Minzestiele
25 g ungesüßtes Nuss- oder Mandelmus
1 TL kalt gepresstes Walnussöl (ersatzweise Olivenöl)
Saft und etwas abgeriebene Schale von ½ Bio-Zitrone

Für 1 Person | Zubereitung: 10 Minuten
Pro Portion: ca. 385 kcal, 6 g EW, 35 g F, 11 g KH | Ketogene Ratio: 2 : 1

Das Avocadofruchtfleisch aus der Schale lösen und grob würfeln, dann in einen hohen Rührbecher oder in den Mixer geben. Den Spinat verlesen, waschen und trocken schütteln, dabei grobe Stiele entfernen. Die Minze waschen und trocken schütteln, die Blätter abzupfen.

Spinat, Minze, Nussmus, Öl, Zitronensaft und -schale sowie 150 ml kaltes Wasser zur Avocado geben und alles mit dem Stabmixer oder im Mixer so lange fein pürieren, bis ein cremiger Smoothie entstanden ist. Falls er zu dickflüssig ist, noch etwas Wasser untermixen.

Zum Servieren den Spinat-Smoothie in ein Glas füllen, nach Belieben einige Eiswürfel dazugeben. Weitere Smoothies finden Sie ab Seite 138.

MEDIZIN AUS DER KÜCHE

Der Smoothie enthält an sich schon viele Ballaststoffe. Diesen Gehalt können Sie noch toppen, wenn Sie zusätzlich 1 TL Leinsamen untermixen, dann sollten Sie aber ausreichend Wasser (2 Gläser) dazu trinken, weil die Samen im Darm aufquellen. Mit 1 EL nativem Kokosöl oder MCT-Öl wird aus dem Smoothie der reinste Keto-Booster. Er ist ideal für die kopfgesunde Keto-Küche und empfehlenswert für alle Krebspatienten. Wer abnehmen möchte, lässt das Walnussöl weg.

Suppenglück

Nicht nur im Winter Löffel für Löffel ein Genuss! Suppen lassen sich gut in größerer Menge vorbereiten und als kleine Mahlzeit für zwischendurch einplanen. Sie wärmen von innen und versorgen uns mit wertvollen Vitalstoffen. Je farbiger und aromatischer, desto besser für die Gesundheit!

Rote-Bete-Suppe

700 g Rote Beten putzen, schälen und würfeln. In einem Topf in **1 EL kalt gepresstem Olivenöl** etwa 5 Minuten andünsten. **1 haselnussgroßes Stück Ingwer, 1 große rote Zwiebel** und **2 Knoblauchzehen** schälen und würfeln, mit **je 1 TL gemahlenem Kardamom, Kreuzkümmel und Chili** in **4 EL nativem Kokosöl** anbraten. **½ l glutenfreie Gemüsebrühe** dazugießen, mit geschlossenem Deckel etwa 15 Minuten köcheln lassen. Dann vom Herd nehmen und im Topf pürieren, mit **Salz** und **Pfeffer aus der Mühle** abschmecken. Zum Servieren auf Schalen verteilen und mit **40 g gerösteten Sonnenblumenkernen** und **100 g Fetawürfeln** bestreuen. Mit **1 Handvoll Granatapfelkernen** garnieren und mit **2 EL Leinöl** beträufeln.

Für 2 Personen | Zubereitung: 25 Minuten
Pro Portion: ca. 785 kcal, 21 g EW, 59 g F, 42 g KH
Ketogene Ratio: 1 : 1

Mangoldsuppe

500 g Mangold (oder Spinat) putzen, waschen und grob schneiden. **1 rote Zwiebel** und **2 Knoblauchzehen** schälen, getrennt fein würfeln. Die Zwiebel und 1 Knoblauchzehe in einem Topf in **2 EL Bratolivenöl** anbraten. Den Spinat dazugeben, **¼ l glutenfreie Gemüsebrühe** dazugießen, alles etwa 15 Minuten köcheln lassen. Vom Herd nehmen und im Topf pürieren, mit **Salz, Pfeffer aus der Mühle** und **1 Prise gemahlener Kurkuma** würzen. **250 g Crème double** unterrühren. **200 g Garnelen** waschen und trocken tupfen, mit übrigem Knoblauch in einer Pfanne in **1 EL Bratolivenöl** 2 bis 4 Minuten rundum braten. Suppe zum Servieren mit Zitronensaft abschmecken. Tipp: Statt Garnelen schmecken auch 200 g Tofuwürfel. Wer abnehmen möchte, ersetzt die Crème double durch Schmand.

Für 2 Personen | Zubereitung: 30 Minuten
Pro Portion: ca. 820 kcal, 28 g EW, 75 g F, 9 g KH | Ketogene Ratio: 2 : 1

Blumenkohlsuppe

1 kleine Zwiebel, 1 Knoblauchzehe und **1 haselnussgroßes Stück Ingwer** schälen, würfeln und mit **2 TL Currypulver** in einem Topf in **3 EL nativem Kokosöl** erhitzen. **1 Blumenkohl (ca. 500 g)** und **3 Stangen Staudensellerie** putzen, waschen und klein würfeln. In den Topf geben und kurz anbraten, **¾ l glutenfreie Gemüsebrühe** dazugießen und alles 15 Minuten kochen. Vom Herd nehmen und im Topf pürieren. Die Suppe mit **1 TL Salz, je 1 Prise Pfeffer aus der Mühle und Erythrit, Saft von ½ Zitrone** sowie **1 TL gemahlener Kurkuma** abschmecken. Zum Servieren auf Schalen verteilen und mit in **2 EL Oivenöl** gerösteten **2 EL Kürbiskernen** sowie **gehackter Petersilie und Thymian** bestreuen. Zum Auffetten MCT- oder Kokosöl nehmen.

Für 2 Personen | Zubereitung: 20 Minuten
Pro Portion: ca. 445 kcal, 13 g EW, 37 g F, 15 g KH | Ketogene Ratio: 1 : 1

Salate & Veggie

Knackige Sattmacher-Salate und herzhafte Hauptgerichte ganz ohne Fleisch oder Fisch beweisen aufs Köstlichste, wie bunt und vielfältig die Keto-Küche sein kann. Exotisches wie ein Thai-„Nudelsalat“ ist hier genauso zu finden wie bunte Gemüsenudeln und ein Baukasten, mit dem man sich seine Lieblings-Bowl zusammenstellen kann. Dazu gibt es tolle Dressings und Dips.

Avocado-Carpaccio
mit Frischkäsenocken

2 reife Avocados
3 Tomaten
2 EL kalt gepresstes Olivenöl
2–3 TL Zitronensaft
Salz, Pfeffer aus der Mühle
4 Basilikumstiele
150 g Doppelrahmfrischkäse
30 g Pinienkerne

Für 2 Personen | Zubereitung: 20 Minuten
Pro Portion: ca. 690 kcal, 15 g EW, 65 g F, 12 g KH | Ketogene Ratio: 2 : 1

Die Avocados halbieren und die Kerne entfernen. Das Fruchtfleisch aus den Schalen lösen, in schmale Spalten schneiden und auf Teller verteilen.

Die Tomaten waschen und in kleine Würfel schneiden, dabei Stielansätze und Kerne entfernen. Die Tomatenwürfel mit Öl und Zitronensaft mischen, alles mit Salz und Pfeffer abschmecken und auf dem Avocado-Carpaccio verteilen.

Das Basilikum waschen, trocken schütteln, die Blätter abzupfen und fein hacken. Das Basilikum unter den Frischkäse mischen. Die Pinienkerne in einer Pfanne ohne Fett hell rösten, herausnehmen und etwas abkühlen lassen.

Zum Servieren aus dem Frischkäse mithilfe von zwei angefeuchteten Teelöffeln kleine Nocken abstechen und auf das Avocado-Carpaccio setzen. Zuletzt alles mit den Pinienkernen bestreuen. Das Carpaccio nach Belieben mit Kapuzinerkresseblüten oder Portulak garnieren.

KETO-TIPP

Wenn Sie die Nocken mit der gleichen Menge Mascarpone anstelle des Doppelrahmfrischkäses zubereiten, können Sie die ketogene Ratio auf 3 : 1 erhöhen. Veganer verwenden statt der Milchprodukte am besten Soja- oder Cashewsahne.

Fenchelsalat
mit pochiertem Ei und Walnüssen

2 kleine Fenchelknollen (à ca. 175 g)
3 Basilikumstiele
75 g gemischte junge Salatblätter
(z. B. junger Spinat, Mangold, Rucola)
1 EL Zitronensaft
3 EL kalt gepresstes Olivenöl
2 gehäufte EL Crème fraîche
(à ca. 20 g)
Salz, Pfeffer aus der Mühle
2 EL Weißweinessig
2 Eier (Größe S)
100 g Walnusskerne

Für 2 Personen | Zubereitung: 20 Minuten
Pro Portion: ca. 660 kcal, 18 g EW, 60 g F, 13 g KH | Ketogene Ratio: 2 : 1

Den Fenchel putzen, waschen, halbieren und den harten Strunk entfernen. Die Fenchelhälften auf der Gemüsereibe in dünne Scheiben hobeln. Das Basilikum waschen, trocken schütteln und die Blätter abzupfen. Den Salat verlesen, waschen und trocken schütteln, dabei grobe Stiele entfernen.

Für das Dressing den Zitronensaft mit Öl und Crème fraîche verquirlen, mit Salz und Pfeffer abschmecken. Fenchel, Basilikum und Salat mit dem Dressing mischen.

Für die Eier 1 l Wasser mit dem Essig und 1 EL Salz aufkochen. Die Eier nacheinander in eine Tasse aufschlagen, in ein feines Küchensieb geben, ins Wasser halten und vorsichtig aus dem Sieb ins Wasser gleiten lassen. Die Eier darin bei mittlerer Hitze etwa 5 Minuten garen.

Inzwischen die Walnüsse in einer beschichteten Pfanne ohne Fett hell rösten, herausnehmen und abkühlen lassen, danach grob hacken.

Zum Servieren den Fenchelsalat auf Teller verteilen, die Nüsse darüberstreuen. Die Eier mit einem Schaumlöffel vorsichtig aus dem Wasser heben, auf Küchenpapier abtropfen lassen und auf dem Salat anrichten. Wem die Zubereitung der pochierten Eier zu aufwendig ist, der kann weich gekochte Eier zu dem Salat servieren. Gut passen auch 30 g Erdbeeren oder Orangenfilets.

MEDIZIN AUS DER KÜCHE

Fenchel enthält jede Menge Vitamine, Mineral- und Ballaststoffe. Er beruhigt Magen, Darm und Nerven. Ein Detox-Gemüse, das Giftstoffe bindet und den Stoffwechsel ankurbelt.

Thai-„Nudelsalat“
mit Kokos-Erdnuss-Dressing

- 2 Möhren
- 1 Salatgurke
- Salz, 2 Frühlingszwiebeln
- ½ Bund Koriandergrün
- 4 Minzestiele
- 2 EL natives Kokosöl
- ½ TL gelbe Thai-Currypaste
- 100 g Kokosmilch
- 1 EL Fischsauce
- 1 gehäufter EL ungesüßtes Erdnussmus
- 1–2 EL Limettensaft
- 50 g geröstete Macadamianusskerne

Für 2 Personen | Zubereitung: 25 Minuten

Pro Portion: ca. 490 kcal, 8 g EW, 45 g F, 15 g KH | Ketogene Ratio: 2 : 1

Die Möhren putzen und schälen. Die Gurke putzen, waschen und nach Belieben streifig schälen. Beides mit dem Spiralschneider in kurze „Nudeln“ schneiden, jeweils mit etwas Salz bestreuen und beiseitestellen. Die Frühlingszwiebeln putzen, waschen und in dünne Ringe schneiden. Den Koriander waschen und trocken schütteln, das untere Drittel der Stiele entfernen, Rest grob hacken. Die Minze waschen, trocken schütteln, Blätter abzupfen und fein hacken.

In einer Pfanne 1 EL Öl erhitzen und die Frühlingszwiebeln darin kurz andünsten. Die Möhren-„Nudeln“ dazugeben und unter Wenden etwa 5 Minuten braten, herausnehmen. Übriges Öl in der Pfanne erhitzen und die Currypaste darin 1 bis 2 Minuten andünsten. Kokosmilch, 25 ml Wasser, Fischsauce, Erdnussmus und Limettensaft dazugeben und alles aufkochen. Dann etwa 5 Minuten einkochen lassen, mit Salz und etwas Limettensaft abschmecken, vom Herd nehmen und kurz abkühlen lassen.

Zum Servieren Frühlingszwiebeln, Möhren- und Gurken-„Nudeln“ sowie die Kräuter in eine Salatschüssel geben und das Dressing vorsichtig untermischen. Zuletzt die Macadamianüsse nach Belieben grob hacken und darüberstreuen.

KETO-TIPP

Wer will, kann auch noch Keto-Nudeln unter den Salat mischen. Darunter versteht man kohlenhydratarme Pasta, die nicht aus Getreide besteht, wie Shirataki-Nudeln, die aus dem Mehl der Konjakwurzel hergestellt werden.

Dressings

Sie lieben Rohkost und Salate? Dann geht für Sie die Keto-Küche ganz einfach: Sie müssen nur eines der Dressings über das vorbereitete Gemüse oder die gewaschenen Blätter geben. Ergänzt wird dieses Trio noch durch das Avocado-Dressing von Seite 74.

Nuss-Vinaigrette

2 Thymianzweige waschen, trocken schütteln, die Blätter abzupfen und fein hacken. **50 g Walnusskerne** grob hacken. **1 EL kalt gepresstes Olivenöl** in einer Pfanne erhitzen und die Nüsse darin bei mittlerer Hitze unter Wenden kurz rösten. Mit **1 EL zuckerfreiem Aceto balsamico** ablöschen. Nuss-Mix in einer Schüssel kurz abkühlen lassen. Mit **Salz, Pfeffer aus der Mühle** und **1 Prise Erythrit** würzen. Je **2 EL kalt gepresstes Olivenöl** und **Walnussöl** langsam unterschlagen. Nochmals abschmecken und zuletzt den Thymian unterrühren. Passt zu grünem Salat oder gegartem Gemüse.

Für 4 Personen | Zubereitung: 10 Minuten
Pro Portion: ca. 200 kcal, 2 g EW, 21 g F, 2 g KH
Ketogene Ratio: 5 : 1

Kräuter-Dressing

1 kleines Bund gemischte Kräuter (ca. 25 g; z. B. Basilikum, Estragon, Petersilie, Schnittlauch) waschen, trocken schütteln, die Blätter abzupfen und fein hacken, den Schnittlauch in feine Röllchen schneiden. **1 Knoblauchzehe** schälen und halbieren. Beides mit **150 g Crème fraîche, 1 TL mittelscharfem Senf, 1 EL kalt gepresstem Olivenöl** und **1 TL Zitronensaft** in einem hohen Rührbecher mit dem Stabmixer oder im Mixer pürieren. Das Dressing mit **Salz** und **Pfeffer aus der Mühle** abschmecken. Es passt zu Bowls, Ofengemüse und grünem Salat. Wer abnehmen möchte, lässt die Crème fraîche weg.

Für 4 Personen | Zubereitung: 10 Minuten
Pro Portion: ca. 145 kcal, 2 g EW, 14 g F, 2 g KH
Ketogene Ratio: 3 : 1

Tahin-Dressing

125 g helles Tahin (Sesampaste) mit **50 ml lauwarmem Wasser, 5 EL Zitronensaft, 2 EL kalt gepresstem Olivenöl, ½ TL gemahlenem Kreuzkümmel, etwas Salz, Pfeffer aus der Mühle** und **1 Prise Erythrit** mit dem Stabmixer cremig mixen. **½ Bund Koriandergrün** waschen, trocken schütteln und die Blätter samt feiner Stiele hacken. Unter das Dressing rühren, mit Salz und Pfeffer abschmecken. Passt zu grünem Blattsalat, Grillgemüse oder gebratenem Fleisch.

Für 4 Personen | Zubereitung: 10 Minuten
Pro Portion: ca. 255 kcal, 6 g EW, 24 g F, 2 g KH
Ketogene Ratio: 3 : 1

Gemüse-Tagliatelle
mit Ziegenfrischkäsesauce

1 Zucchini (ca. 300 g)
1 Salatgurke (ca. 400 g)
50 g Walnusskerne
4 EL natives Olivenöl
Salz, Pfeffer aus der Mühle
1 TL getrockneter Thymian
100 ml Crème fraîche
100 g Ziegenfrischkäse (20 % Fett i. Tr.)

Für 2 Personen | Zubereitung: 25 Minuten
Pro Portion: ca. 595 kcal, 14 g EW, 55 g F, 12 g KH | Ketogene Ratio: 2 : 1

Zucchini und Gurke putzen, waschen und mit einem Sparschäler der Länge nach jeweils in dünne Streifen schneiden – sie sollen wie Gemüse-Tagliatelle aussehen. Die Nüsse in einer Pfanne ohne Fett hell rösten, herausnehmen und kurz abkühlen lassen, dann grob hacken.

Das Öl in einer großen beschichteten Pfanne erhitzen und die Zucchini darin unter Wenden 2 bis 3 Minuten kräftig anbraten. Mit Salz, Pfeffer und Thymian würzen.

Danach die Crème fraîche, den Frischkäse und 2 bis 3 EL Wasser hinzufügen und die Sauce etwa 5 Minuten köcheln lassen. Die Gurkenstreifen untermischen und alles mit Salz und Pfeffer abschmecken.

Zum Servieren die Gemüse-Tagliatelle auf tiefe Teller verteilen und mit den gehackten Nüssen bestreuen. Nach Belieben mit Physalis oder Sanddornbeeren garnieren.

KETO-TIPP

Pasta aus Gemüse ist eine gesunde Alternative zu Getreidenudeln – allerdings nur, wenn sie aus Low-Carb-Gemüse wie Zucchini oder Salatgurken zubereitet werden. (Letztere eignen sich super für Salate, aber nicht zum Erhitzen.) Man kann Gemüsenudeln zwar auch aus Möhren oder Roter Bete selber machen – diese enthalten jedoch mehr Kohlenhydrate und sind daher nicht ganz so ketogen. Einige Streifen sind natürlich erlaubt – so wird's richtig bunt auf dem Teller! Mit ein paar Spritzern Zitronensaft kann man dann die Kohlenhydrataufnahme bremsen.

Wer seine ketogene Ratio zum Abnehmen reduzieren möchte, lässt die Crème fraîche weg und nimmt die doppelte Menge Ziegenfrischkäse. Statt Walnüssen dann besser Mandeln wählen.

Zoodles
mit Bohnen, Avocado-Dressing und Dukkah

2 Zucchini (à ca. 300 g), Salz
100 g grüne Bohnen
1 große Avocado (ca. 350 g)
½ Bund Basilikum, 50 g Crème fraîche
Schale und Saft von ½ Bio-Zitrone
Pfeffer aus der Mühle
je 10 g Haselnuss- und Pinienkerne
10 g helle Sesamsamen
1 TL Kreuzkümmelsamen
½ TL Koriandersamen
½ TL schwarze Pfefferkörner
½ TL edelsüßes Paprikapulver
½ TL grobes Meersalz
5 EL kalt gepresstes Olivenöl

Für 2 Personen | Zubereitung: 25 Minuten
Pro Portion: ca. 700 kcal, 12 g EW, 64 g F, 19 g KH | Ketogene Ratio: 2 : 1

Zucchini putzen, waschen und mit einem Spiralschneider in dünne, lange „Nudeln" schneiden. Auf einem Tablett ausbreiten, leicht salzen und beiseitestellen. Bohnen putzen, waschen und in kochendem Salzwasser etwa 12 Minuten garen.

Währenddessen für das Dressing die Avocado halbieren, den Kern entfernen und das Fruchtfleisch aus den Schalen lösen. Das Basilikum waschen, trocken schütteln, Blätter abzupfen. Avocado, Basilikum, Crème fraîche, Zitronensaft und -schale sowie 1 bis 2 EL Wasser in einem hohen Rührbecher mit dem Stabmixer cremig pürieren. Mit Salz und Pfeffer würzen.

Für das Dukkah Haselnüsse und Pinienkerne in einer Pfanne ohne Fett hell rösten, herausnehmen und abkühlen lassen. Danach Sesam, Kreuzkümmel, Koriander und Pfeffer ebenfalls unter Wenden hell rösten, herausnehmen und abkühlen lassen. Nüsse und ganze Gewürze mit Paprikapulver und Meersalz im Blitzhacker grob zerkleinern.

Die Zoodles etwas trocken tupfen und in einer großen beschichteten Pfanne im Öl bei mittlerer Hitze 3 bis 4 Minuten unter Wenden anbraten.

Zum Servieren die Bohnen in ein Sieb abgießen, kalt abschrecken und abtropfen lassen. Dann mit den Zoodles auf tiefe Teller verteilen. Das Avocado-Dressing darübergeben und alles mit dem Dukkah bestreuen – Reste vom Dukkah können Sie extra dazu reichen.

Green Goddess Bowl

Für 2 Personen | Zubereitung: 15 Minuten

Pro Portion (grüne Zutaten): ca. 720 kcal, 17 g EW, 66 g F, 15 g KH

Ketogene Ratio: 1 : 1 – 2 : 1 je nach Zutatenwahl und Dressing

200 g grünes gegartes Gemüse (nach Belieben gemischt)

grüne Bohnen	Bimi® (Brokkolini)	Brokkoli	grüner Spargel	grüne Paprika	Rosenkohl	Zucchini

&

150 g grünes gewaschenes Blattgemüse (nach Wahl)

junger Spinat oder Mangold	Grünkohl	Rucola	Radicchio	Chicorée, Endivien	Rote-Bete-Blätter	Portulak, Feldsalat

&

50 g Nusskerne (nach Wahl)

Hasel- oder Walnusskerne	Pekannusskerne	Mandeln	Macadamianusskerne	Paranusskerne

&

2 kleine Avocados

&

Kräuter (nach Wahl)

Koriandergrün	Basilikum	Petersilie	Schnittlauch	Dillspitzen	Wildkräuter (z. B. Gundermann, Vogelmiere, Pimpinelle, Kapuzinerkresse, Ringelblumen, Taglilien, Gänseblümchen, Wiesenschaumkraut, Giersch)

Topping gefällig?

Wer will, beträufelt die Bowl noch mit einem Keto-Dressing nach Wahl (siehe Seite 70). Besonders gut passt das Kräuter-Dressing zu diesem Gemüse-Mix. Zum Bestreuen können Sie außerdem Gewürznüsse (siehe Seite 56) nehmen oder ein paar Erdbeeren, Himbeeren oder Granatapfelkerne. Wer geraspelten Rotkohl als Topping nimmt, kommt zusätzlich in den Genuss eines Antioxidantien-Boosters.

Nusscamembert
mit Mangold und Tomaten

250 g Cocktailtomaten, 300 g Mangold
5 EL kalt gepresstes Olivenöl
Salz, Pfeffer aus der Mühle
1 Ei (Größe S)
30 g Haselnussblättchen
30 g entöltes Mandelmehl
2 kleine runde Camemberts
(à 125 g; Doppelrahmstufe)

Für 2 Personen | Zubereitung: 25 Minuten
Pro Portion: ca. 860 kcal, 30 g EW, 79 g F, 9 g KH | Ketogene Ratio: 2 : 1

Die Tomaten waschen. Den Mangold putzen und waschen, die Blätter von den Blattrippen schneiden und grob hacken. Die Blattrippen in etwa 1 cm breite Stücke schneiden.

In einer Pfanne 2 EL Öl erhitzen und die Mangoldstiele darin 2 bis 3 Minuten unter Wenden anbraten. Anschließend Tomaten und Mangoldblätter dazugeben und alles unter Wenden etwa 5 Minuten braten.

2 EL Wasser hinzufügen und alles mit geschlossenem Deckel noch etwa 5 Minuten schmoren, bis die Tomaten aufplatzen. Mit Salz und Pfeffer würzen, warm halten.

Das Ei mit 1 EL Wasser in einem tiefen Teller verquirlen. Die Mandelblättchen und das Mandelmehl auf einem weiteren tiefen Teller mischen. Die Camemberts zuerst im Ei wenden, dann rundum in die Mandelmischung drücken.

Das übrige Öl (3 EL) in einer großen beschichteten Pfanne erhitzen und beide Käse darin auf jeder Seite 3 bis 4 Minuten goldbraun backen. (Achtung, nicht zu heiß backen – die Nuss-Panade wird sonst schnell zu dunkel und bekommt einen leicht bitteren Geschmack.)

Die Camemberts sofort mit dem Mangold-Tomaten-Gemüse servieren. Nach Belieben mit frischem Portulak garnieren.

KETO-TIPP
Das Gemüse schmeckt auch lecker mit Mozzarella statt Camembert und ist dann perfekt für alle, die abnehmen wollen.

Halloumi
mit Grillzucchini und Nussöl

1 Knoblauchzehe
1 Bund Basilikum (ca. 15 g)
20 g Pinienkerne
20 g Walnusskerne
80 ml kalt gepresstes Olivenöl
Salz, Pfeffer aus der Mühle
½ TL Chiliflocken (Pul Biber)
200 g Halloumi-Käse
Bratolivenöl
2 kleine Zucchini (à ca. 200 g)

Für 2 Personen | Zubereitung: 25 Minuten
Pro Portion: ca. 890 kcal, 35 g EW, 82 g F, 6 g KH | Ketogene Ratio: 2 : 1

Den Knoblauch schälen und fein hacken. Das Basilikum waschen, trocken schütteln, die Blätter abzupfen und grob hacken. Pinienkerne und Walnüsse in einer Pfanne ohne Fett hell anrösten, herausnehmen und kurz abkühlen lassen, dann grob hacken. Knoblauch, Basilikum und Kerne-Mix mit dem Olivenöl mischen, das Nussöl mit Salz, Pfeffer und Chiliflocken abschmecken.

Den Halloumi in etwa 1 cm breite Scheiben schneiden. Eine große Grillpfanne oder beschichtete Pfanne dünn mit Bratolivenöl einfetten und den Käse darin unter Wenden etwa 4 Minuten braten.

Inzwischen die Zucchini putzen, waschen und mit einem Sparschäler längs in lange Streifen schneiden. Käse aus der Pfanne nehmen und warm halten. Dann die Zucchinistreifen etwa 4 Minuten unter Wenden braten.

Zum Servieren Halloumi und Zucchini auf Tellern anrichten und mit einem Teil des Nussöls beträufeln, den Rest extra dazu reichen. Nach Belieben mit Physalis oder Kapuzinerkresseblüten garnieren.

MEDIZIN AUS DER KÜCHE

Walnüsse zählen zu den gesündesten Nüssen überhaupt. Drei Portionen (à ca. 7 Walnüsse oder 40 g pro Tag) wöchentlich können das Gesundheitsrisiko für Krebs und andere Erkrankungen halbieren. Das wurde in der Predimed-Studie festgestellt. Selbst gemachtes Nussöl ist ein echter Allrounder: Mit ihm werden Gemüse und Käse im Handumdrehen zur gesunden Keto-Delikatesse.

Dips und Aufstriche

Diese Dips und Aufstriche sind Alleskönner! Sie sind ruckzuck zubereitet und vereinen – etwa in Avocadohälften angerichtet – alle Vorzüge eines echten Keto-Snacks: reichlich gesunde Fette, kaum Kohlenhydrate und das richtige Eiweiß in Maßen. Im Kühlschrank halten sie sich 3 bis 4 Tage.

Bohnendip

200 grüne Bohnen putzen, waschen und entfädeln, in etwas Salzwaser 12 bis 15 Minuten weich garen. In ein Sieb abgießen, kalt abschrecken und abkühlen lassen. Danach klein schneiden und mit **50 g Mandelmus** und **dem Saft von 2 Mandarinen** in einem hohen Rührbecher mit dem Stabmixer pürieren. Mit **1 TL getrocknetem Bohnenkraut, Salz** und **Pfeffer aus der Mühle** würzen. Passt zu Gemüsechips, Brot und Geflügel.

Für 2 Personen | Zubereitung: 25 Minuten
Pro Portion: ca. 200 kcal, 6 g EW, 15 g F, 10 g KH
Ketogene Ratio: 1 : 1

Kürbisdip

200 g Kürbisfruchtfleisch waschen und würfeln. **½ Apfel** waschen, entkernen und würfeln. Beides in wenig Wasser 10 bis 15 Minuten weich garen. Mit **1 EL kalt gepresstem Olivenöl, 50 g Sahne, je 1 Prise Zimtpulver** und **gemahlener Kurkuma** sowie **1 TL Currypulver** fein pürieren. Passt gut zu Gemüsechips.

Für 2 Personen | Zubereitung: 20 Minuten
Pro Portion: ca. 170 kcal, 3 g EW, 13 g F, 11 g KH
Ketogene Ratio: 1 : 1

Tomatensalsa

200 g reife Tomaten waschen und würfeln, dabei die Stielansätze entfernen. **1 rote Zwiebel** und **2 Knoblauchzehen** schälen und fein würfeln. **1 Frühlingszwiebel** putzen, waschen und fein würfeln. Tomaten, Zwiebel, Knoblauch und Frühlingszwiebel mischen und mit **4 EL kalt gepresstem Olivenöl, 1 TL gemahlenem Kreuzkümmel, Salz, Pfeffer aus der Mühle** und **Zitronensaft** abschmecken. Nach Belieben statt Kreuzkümmel **2 bis 3 EL gehacktes Koriandergrün** nehmen. Feiner püriert wird die Salsa zum Aufstrich! Lecker auch zu Fisch.

Für 2 Personen | Zubereitung: 15 Minuten
Pro Portion: ca. 200 kcal, 1 g EW, 20 g F, 4 g KH
Ketogene Ratio: 4 : 1

Selleriebutter

100 g Knollensellerie putzen, waschen und klein würfeln, in wenig Salzwasser etwa 15 Minuten weich garen. In ein Sieb abgießen und abkühlen lassen. Inzwischen **1 Knoblauchzehe** schälen und in wenig **Weidebutter** rundum anbraten. Dann **Sellerie, Knoblauch, 240 g weiche Weidebutter** und **200 g gemahlene Walnusskerne** in einem hohen Rührbecher mit dem Stabmixer fein pürieren. Die Würzbutter mit **Salz, Pfeffer aus der Mühle** und **1 Msp. frisch geriebener Muskatnuss** würzen. **1 Handvoll essbare Blüten** (z. B. Tagetes, Kapuzinerkresse, Gänseblümchen oder Wiesenschaumkraut) waschen, trocken schütteln und unter die Butter rühren. Im Kühlschrank mindestens 30 Minuten fest werden lassen. Gut zum Auffetten von Gemüse und lecker auf Saatenbrot!

Für 10 Portionen | Zubereitung: 25 Minuten
Festwerden: 30 Minuten
Pro Portion: ca. 130 kcal, 3 g EW, 6 g F, 2 g KH
Ketogene Ratio: 1 : 1

Grüne Shakshuka
mit Spinat und Würzöl

2 Frühlingszwiebeln
1 Knoblauchzehe
500 g junger Spinat
½ Bund Dill, 6 EL kalt gepresstes Olivenöl
1 TL getrockneter Oregano
½ TL gemahlener Kreuzkümmel
Salz, Pfeffer aus der Mühle
50 g Crème fraîche
2 Eier (Größe M)
50 g Feta (Schafkäse)
30 g Pinienkerne
½ TL Chiliflocken

Für 2 Personen | Zubereitung: 25 Minuten
Pro Portion: ca. 700 kcal, 24 g EW, 65 g F, 7 g KH | Ketogene Ratio: 2 : 1

Die Frühlingszwiebeln putzen, waschen und in dünne Ringe schneiden. Den Knoblauch schälen und fein hacken. Den Spinat verlesen, waschen und trocken schütteln, dabei grobe Stiele entfernen. Spinat grob hacken. Dill waschen, trocken schütteln, die Spitzen abzupfen und fein hacken.

In einer tiefen Pfanne 3 EL Öl erhitzen und Frühlingszwiebeln und Knoblauch darin bei mittlerer Hitze 2 bis 3 Minuten andünsten. Spinat und Dill dazugeben und 2 bis 3 Minuten unter Wenden zusammenfallen lassen. Alles mit Oregano, Kreuzkümmel, Salz und Pfeffer würzen. Crème fraîche unterrühren. Alles mit geschlossenem Deckel etwa 5 Minuten dünsten, nochmals mit Salz und Pfeffer abschmecken.

Die Eier einzeln in eine Tasse aufschlagen. Mit einem Löffel zwei Mulden in die Spinatpfanne drücken. Die Eier vorsichtig hineingleiten lassen, mit geschlossenem Deckel 7 bis 10 Minuten stocken lassen. Kurz vor Ende der Garzeit den Feta darüberbröseln.

Inzwischen das übrige Öl (3 EL) in einer kleinen Pfanne erhitzen und Pinienkerne und Chiliflocken darin anrösten, mit Salz würzen. Zum Servieren die Shakshuka in der Pfanne auf den Tisch stellen und mit dem Würzöl beträufeln.

TIPP

Statt Pinienkerne können Sie auch andere Kerne oder Nüsse für das Würzöl verwenden. Wer abnehmen möchte, halbiert die Ölmenge, zum Auffetten verdoppelt man sie.

Gemüse-Curry
mit Nuss-„Reis“ aus Blumenkohl

250 g Blumenkohl
100 g Pekannusskerne
1 haselnussgroßes Stück Ingwer
1 Stange Lauch
1 kleine Aubergine
250 g Brokkoli
4 EL natives Kokosöl
1 gehäufter TL glutenfreie grüne Thai-Currypaste, 200 ml Kokosmilch
Salz, 1 TL Fischsauce
½ TL Limettensaft
1 EL gehacktes Koriandergrün

Für 2 Personen | Zubereitung: 30 Minuten
Pro Portion: ca. 860 kcal, 16 g EW, 79 g F, 22 g KH | Ketogene Ratio: 2 : 1

Den Blumenkohl putzen, waschen und in Röschen zerteilen, dann portionsweise in Blitzhacker, Küchenmaschine oder auf der groben Seite der Gemüsereibe zerkleinern (siehe Medizin aus der Küche). Nüsse ebenfalls hacken.

Ingwer schälen und fein würfeln. Den Lauch putzen, waschen und in schmale Ringe schneiden. Den Brokkoli putzen, waschen und in Röschen zerteilen. Die Aubergine putzen, waschen, längs halbieren und in schmale Scheiben schneiden.

Ingwer und Lauchringe in einem Topf in 2 EL Öl andünsten. Auberginenscheiben dazugeben und 2 bis 3 Minuten unter Wenden anbraten, dann den Brokkoli hinzufügen. Die Currypaste dazugeben und kurz mitbraten. Kokosmilch und 50 ml Wasser dazugießen, alles aufkochen und 8 bis 10 Minuten köcheln lassen.

Inzwischen für den „Reis“ das übrige Öl (2 EL) in einer Pfanne erhitzen und Blumenkohlraspeln und Nüsse darin unter Wenden etwa 5 Minuten anbraten. Mit Salz würzen. Zum Servieren das Curry mit Fischsauce, Limettensaft und Salz abschmecken. Mit dem Nussblumenkohl auf Tellern anrichten und mit Koriandergrün bestreuen.

MEDIZIN AUS DER KÜCHE

Um alle Antioxidantien, Senfölglycoside und Mineralstoffe zu erhalten, sollten Sie beim Einkauf den frischesten Brokkoli wählen und im mikroperforierten Beutel maximal 2 Tage im Kühlschrank lagern. Damit gedämpfter Brokkoli seine Krebsschutzwirkung entfalten kann, zerteilen oder hacken Sie ihn etwa 30 Minuten vor der Verarbeitung grob. Seine Sulforaphane dienen als „natürlicher Fraßschutz“ und werden beim Hacken vermehrt freigesetzt. So bleiben mehr sekundäre Pflanzenstoffe erhalten.

Rahmlauch
mit Cloud Eggs und Walnüssen

1 kleine Zwiebel
2 Stangen Lauch
½ Bund Petersilie
4 EL kalt gepresstes Olivenöl
125 g Crème fraîche
1–2 TL Zitronensaft
Salz, Pfeffer aus der Mühle
frisch geriebene Muskatnuss
2 Eier (Größe M)
30 g Walnusskerne

Für 2 Personen | Zubereitung: 25 Minuten | Backen: 8 – 11 Minuten
Pro Portion: ca. 615 kcal, 16 g EW, 56 g F, 12 g KH | Ketogene Ratio: 2 : 1

Den Backofen auf 200 °C vorheizen. Ein Backblech mit Backpapier belegen. Die Zwiebel schälen und fein würfeln. Den Lauch putzen, waschen und in schmale Ringe schneiden. Die Petersilie waschen, trocken schütteln, die Blätter abzupfen und fein hacken.

Das Öl in einem großen Topf erhitzen (wer abnehmen möchte, halbiert die Ölmenge) und die Zwiebel darin bei mittlerer Hitze andünsten. Den Lauch dazugeben und etwa 5 Minuten unter Wenden andünsten. 3 EL Wasser hinzufügen und alles mit geschlossenem Deckel 5 bis 6 Minuten schmoren, dabei ab und zu umrühren.

Die Crème fraîche einrühren und alles mit Zitronensaft, Salz, Pfeffer und Muskatnuss abschmecken. Zuletzt die Petersilie unter den Rahmlauch rühren, warm halten.

Die Eier trennen. Die Eiweiße mit 1 Prise Salz mit den Quirlen des Handrührgeräts steif schlagen. Den Eischnee als 2 hohe Häufchen mit Abstand nebeneinander auf das Blech setzen und in die Mitte jeweils eine Mulde drücken.

Die Eischnee-Wolken im Ofen auf der mittleren Schiene 5 bis 7 Minuten backen, sie sollen leicht bräunen. Das Backblech herausnehmen und jeweils 1 Eigelb in die Mulden setzen. Die Cloud Eggs im Ofen noch 3 bis 4 Minuten fertig backen.

Inzwischen die Nüsse in einer Pfanne ohne Fett hell rösten, dann herausnehmen und grob hacken. Zum Servieren die Cloud Eggs aus dem Ofen nehmen, vorsichtig vom Blech lösen und auf Teller setzen. Mit dem Rahmlauch und den gerösteten Nüssen anrichten.

Spinatauflauf
mit Mascarpone und Basilikum

2 EL kalt gepresstes Olivenöl
300 g junger Spinat
3 Basilikumstiele
Salz, Pfeffer aus der Mühle
125 g Mascarpone
125 g Crème fraîche
30 g geriebener Parmesan
2 Eier (Größe M)
frisch geriebene Muskatnuss

Für 2 Personen | Zubereitung: 30 Minuten | Backen: 20 – 25 Minuten
Pro Portion: ca. 695 kcal, 21 g EW, 66 g F, 5 g KH | Ketogene Ratio: 3 : 1

Den Backofen auf 200 °C vorheizen. Eine kleine flache Auflaufform (ca. 22 x 15 cm) mit 1 EL Öl einfetten.

Den Spinat verlesen, waschen und trocken schütteln, dabei grobe Stiele entfernen. Das Basilikum waschen, trocken schütteln und die Blätter abzupfen.

Das übrige Öl (1 EL) in einer Pfanne erhitzen und Spinat und Basilikum darin bei mittlerer Hitze 2 bis 3 Minuten unter Wenden zusammenfallen lassen. Mit Salz und Pfeffer würzen. Den Spinat-Basilikum-Mix in ein Sieb geben und etwas abkühlen lassen, dabei mit einem Löffel ausdrücken und abtropfen lassen.

Die Mascarpone mit Crème fraîche, Parmesan und Eiern glatt rühren. Mit Salz, Pfeffer und etwas Muskatnuss würzen. Die Masse in die Auflaufform füllen und glatt streichen. Den Spinat-Basilikum-Mix darauf verteilen und leicht eindrücken.

Den Auflauf im Ofen auf der mittleren Schiene 20 bis 25 Minuten backen. Herausnehmen und vor dem Servieren kurz abkühlen lassen.

TIPP
Statt Spinat können Sie auch Mangold oder anderes Gemüse wie Brokkoli, Rosen- oder Blumenkohl für den Auflauf verwenden. Diese müssen jedoch erst bissfest gedämpft werden, bevor sie in die Form kommen.

Mit Fleisch & Fisch

Von Brathähnchen bis Nizza-Fisch: Hier ist für jeden Geschmack und jeden Anlass das Passende dabei. Ergänzt werden die Power-Proteine durch clevere Gemüsebeilagen, grüne Salat-Bowls, aromatische Kräuter und würzige Saucen und Dips. So schmeckt die Keto-Küche frisch wie nie und überzeugt garantiert auch alle, die bisher dachten, ohne Kohlenhydrate geht es nicht.

Antipasti-Platte
mit Käse und Schinken

1 rote Paprikaschote
200 g Champignons
1 kleine Zucchini (ca. 200 g)
2 Knoblauchzehen
je 4 Thymian- und Rosmarinzweige
100 ml kalt gepresstes Olivenöl
Salz, Pfeffer aus der Mühle
50 ml zuckerfreier Aceto balsamico
30 g Parmesanspäne
30 g geröstete Pinienkerne
2 Scheiben Parmaschinken
(à ca. 12 g)

Für 2 Personen | Zubereitung: 45 Minuten | Grillen: 10 Minuten | Ziehen: 1 Stunde
Pro Portion: ca. 715 kcal, 19 g EW, 67 g F, 15 g KH | Ketogene Ratio: 2 : 1

Den Backofengrill einschalten. Die Paprika halbieren, entkernen und waschen. Die Hälften mit der Wölbung nach oben auf ein Backblech legen und unter dem Backofengrill etwa 10 Minuten rösten, bis die Haut Blasen wirft. Aus dem Ofen nehmen, sofort mit einem feuchten Küchentuch bedecken und auskühlen lassen.

Inzwischen die Pilze putzen, falls nötig, trocken abreiben und je nach Größe halbieren oder vierteln. Zucchini putzen, waschen, längs halbieren und in schmale Scheiben schneiden. Knoblauch schälen und fein würfeln. Die Kräuter waschen und trocken schütteln, Blätter bzw. Nadeln von je 3 Zweigen abzupfen und hacken, die übrigen Zweige beiseitelegen. Paprikahälften in etwa 1 cm breite Streifen schneiden.

In einer großen Pfanne nach und nach jeweils 2 bis 3 EL Öl erhitzen und das Gemüse darin portionsweise etwa 5 Minuten anbraten. Dabei je etwas Knoblauch und Kräuter dazugeben, salzen und pfeffern. Gemüse mit den übrigen Kräuterzweigen in eine flache Schale geben.

Danach Essig und 100 ml Wasser zum Bratensatz in die Pfanne gießen. Alles aufkochen und 3 bis 4 Minuten einköcheln lassen, dann das übrige Öl unterrühren. Die Marinade mit Salz und Pfeffer würzen, über das Gemüse gießen und alles mindestens 1 Stunde ziehen lassen. Zum Servieren die Antipasti mit Parmesan, Pinienkernen, Schinken und nach Belieben Keto-Knäckebrot (Seite 36) anrichten. Zum Auffetten weitere 2 EL Olivenöl darübergeben.

Chicorée-Gratin
mit Schinken und Mascarpone

1 EL Weidebutter für die Form
4 Stauden Chicorée (à ca. 50 g)
2 EL kalt gepresstes Olivenöl
4 Scheiben Kochschinken (à ca. 12 g)
100 g Mascarpone
100 g Sahne
1 TL glutenfreier mittelscharfer Senf
2 TL Zitronensaft
Salz, Pfeffer aus der Mühle
½ Bund Schnittlauch
25 g geriebener Bergkäse

Für 2 Personen | Zubereitung: 20 Minuten | Garen: 20 Minuten
Pro Portion: ca. 560 kcal, 13 g EW, 54 g F, 7 g KH | Ketogene Ratio: 3 : 1

Den Backofen auf 200 °C vorheizen. Eine flache Auflaufform mit Butter einfetten.

Chicorée putzen, waschen und längs halbieren, eventuell den Strunk entfernen (siehe Medizin aus der Küche). Das Öl in einer Pfanne erhitzen und den Chicorée darin bei mittlerer Hitze unter Wenden rundum etwa 5 Minuten anbraten. Dann herausnehmen und kurz abkühlen lassen.

Inzwischen die Schinkenscheiben längs halbieren. Die Chicoréehälften jeweils mit ½ Schinkenscheibe umwickeln und dicht nebeneinander in die Auflaufform legen.

Für die Sauce die Mascarpone mit Sahne, Senf und Zitronensaft glatt rühren, mit Salz und Pfeffer würzen. Den Schnittlauch waschen, trocken schütteln und in feine Röllchen schneiden. Den Schnittlauch unter die Sauce rühren.

Die Chicoréehälften in der Form gleichmäßig mit der Sauce überziehen und zuletzt mit dem Käse bestreuen.

Das Gratin im Ofen auf der mittleren Schiene etwa 20 Minuten garen. Herausnehmen und vor dem Servieren kurz abkühlen lassen. Zum Servieren auf Teller verteilen.

MEDIZIN AUS DER KÜCHE
Chicorée ist ein sehr wertvolles Gemüse. Er enthält jede Menge Vitamine, Mineral- und Ballaststoffe sowie vor allem Bitterstoffe. Falls er Ihnen zu bitter ist, können Sie die bitterste Stelle am unteren Strunk keilförmig herausschneiden. Doch je bitterer, desto gesünder ist die hellgelbe Staude, insbesondere für die Verdauung. Auch unsere Haut profitiert von den sekundären Pflanzenstoffen im Chicorée und seiner entgiftenden Wirkung.

Falsche Bratkartoffeln
mit Spiegelei und Senfcreme

2 Kohlrabis (ca. 400 g)
¼ TL gemahlene Kurkuma
1 kleine Zwiebel
4 EL kalt gepresstes Olivenöl
75 g geräucherter Bauchspeck (in Würfeln)
Salz, Pfeffer aus der Mühle
1 TL getrockneter Majoran
2 Eier (Größe S)
125 g Crème fraîche
2 TL glutenfreier mittelscharfer Senf

Für 2 Personen | Zubereitung: 30 Minuten
Pro Portion: ca. 630 kcal, 19 g EW, 57 g F, 10 g KH | Ketogene Ratio: 2 : 1

Die Kohlrabis putzen, schälen und in 1 bis 2 cm große Würfel schneiden. In einem Topf knapp mit Wasser bedecken und die Kurkuma dazugeben, alles aufkochen und mit geschlossenem Deckel etwa 2 Minuten vordünsten. Anschließend in ein Sieb abgießen, abtropfen lassen und mit Küchenpapier trocken tupfen.

Die Zwiebel schälen und fein würfeln. In einer beschichteten Pfanne 1 EL Öl erhitzen und die Speckwürfel darin unter Wenden knusprig auslassen. Herausnehmen und beiseitestellen.

Dann die vorgegarten Kohlrabiwürfel im Bratenfett etwa 10 Minuten goldbraun anbraten, dabei ab und zu wenden. Nach etwa 5 Minuten die Zwiebelwürfel dazugeben und mitbraten. Alles mit Salz, Pfeffer und Majoran würzen, den Speck wieder dazugeben.

Inzwischen das übrige Öl (3 EL) in einer weiteren Pfanne erhitzen und die Eier darin zu Spiegeleiern braten, mit Salz und Pfeffer würzen. Die Crème fraîche mit dem Senf glatt rühren und mit Salz abschmecken.

Zum Servieren die Spiegeleier mit den „Bratkartoffeln" und der Senfcreme auf Tellern anrichten. Nach Belieben mit Portulak garnieren.

KETO-TIPP

Wenn Sie abnehmen möchten oder an einer Autoimmunerkrankung leiden, ersetzen Sie den Bauchspeck durch Räuchertofu.

Putenröllchen
mit Kohlrabisalat und Nüssen

250 g Kohlrabi, 1 Frühlingszwiebel
½ Bio-Zitrone, Salz
30 g Haselnusskerne
3 EL Weißweinessig
1 TL glutenfreier Dijon-Senf
Pfeffer aus der Mühle
je 3 EL kalt gepresstes und Bratolivenöl
2 kleine Putenschnitzel (à ca. 75 g)
80 g Mascarpone
1 TL Ajvar (Paprikapaste)
2 Scheiben fetter Bauchspeck (à ca. 10 g)

Für 2 Personen | Zubereitung: 30 Minuten
Pro Portion: ca. 760 kcal, 25 g EW, 71 g F, 9 g KH | Ketogene Ratio: 2 : 1

Den Kohlrabi putzen, schälen und quer halbieren. Die Hälften auf der Gemüsereibe oder mit dem Messer in sehr feine Streifen hobeln bzw. schneiden. Die Frühlingszwiebel putzen, waschen und in dünne Ringe schneiden. Die Zitrone heiß waschen, abtrocknen und etwas Schale fein abreiben. Den Saft auspressen. Die Kohlrabischeiben mit 2 EL Zitronensaft und 1 Prise Salz mit den Händen weich kneten.

Die Haselnüsse hacken. Essig mit Senf, Salz und Pfeffer verrühren, das kalt gepresste Öl unterschlagen. Alles unter den Kohlrabi-Mix mischen. Nüsse in einer Pfanne ohne Fett hell rösten und auf den Salat streuen. Salat beiseitestellen.

Für die Putenröllchen das Fleisch waschen, trocken tupfen und zwischen zwei Lagen Backpapier flach klopfen. Mascarpone mit Ajvar verrühren, salzen und pfeffern. Die Schnitzel mit Salz und Pfeffer würzen, jeweils auf 1 Speckscheibe legen und mit etwas Mascarponecreme bestreichen. Aufrollen und mit Holzspießchen fixieren, die Speckseite soll dabei außen sein.

Das Bratolivenöl in einer Pfanne erhitzen und die Putenröllchen darin zuerst rundum kräftig anbraten. Dann mit geschlossenem Deckel bei mittlerer Hitze noch etwa 8 Minuten braten, bis sie gar sind. Die Schnitzel mit dem Salat und der übrigen Mascarpone-Ajvar-Creme als Dip anrichten.

KETO-TIPP
Wer abnehmen möchte oder an einer Autoimmunerkrankung leidet, verwendet luftgetrocknete Schinken statt Bauchspeck.

Brathähnchen
mit Mandel-Knoblauch-Sauce

1 Brathähnchen (ca. 1,6 kg; küchenfertig)
1 Zwiebel, 4 Knoblauchzehen
Saft von 1 ½ Zitronen
4 EL Bratolivenöl
2 EL getrockneter Oregano
5 EL trockener Weißwein
Salz, Pfeffer aus der Mühle
100 g geriebener Parmesan
50 g gemahlene Mandeln
3 EL kalt gepresstes Lein- oder Olivenöl
2 EL gehackte Kräuter (z. B. Oregano oder Thymian)
Bio-Zitronenspalten zum Garnieren

Für 4 Personen | Zubereitung: 25 Minuten | Marinieren: 8 Stunden (über Nacht) | Garen: 1 Stunde
Pro Portion: 640 kcal, 44 g EW, 49 g F, 5 g KH | Ketogene Ratio: 1 : 1

Am Vorabend das Hähnchen innen und außen waschen, trocken tupfen. Zwiebel und 2 Knoblauchzehen schälen und fein würfeln. 3 EL Zitronensaft, Öl, Oregano, Wein, Knoblauch, Zwiebel, etwas Salz und Pfeffer in der Küchenmaschine (oder mit dem Stabmixer) fein pürieren.

Die Marinade über das Hähnchen verteilen und in das Fleisch einarbeiten. Das Hähnchen zugedeckt etwa 8 Stunden, am besten über Nacht, im Kühlschrank marinieren.

Am nächsten Tag den Backofen auf 180 °C vorheizen und den Grill einschalten. Für die Sauce den übrigen Knoblauch schälen, mit Parmesan, Mandeln und 1 EL Zitronensaft in der Küchenmaschine ebenfalls fein pürieren. Anschließend auf niedriger Stufe das Lein- oder Olivenöl untermixen. Es soll eine dickflüssige Sauce entstehen. Die Mandel-Knoblauch-Sauce mit jeweils ½ TL Salz und Pfeffer abschmecken.

Das Hähnchen in eine tiefe Auflaufform setzen und im Ofen auf der mittleren Schiene etwa 45 Minuten garen. Dann noch etwa 15 Minuten bei 230 °C rundum knusprig braten. Das Brathähnchen ist gar, wenn man mit einem Spieß tief in die dickste Stelle des Fleischs sticht und der austretende Saft klar ist.

Das Hähnchen aus dem Ofen nehmen, mit den gehackten Kräutern bestreuen und mit der kalten Mandel-Knoblauch-Sauce und den Zitronenspalten servieren. Dazu passen ein gemischter Salat oder falsche Bratkartoffeln (siehe Seite 98; ohne Ei und Sauce).

Hähnchenschenkel
mit Ofen-Rosenkohl und Speckwürfeln

2 EL gehackte Petersilie
50 g zimmerwarme Weidebutter
2 Hähnchenkeulen (à ca. 200 g)
¼ TL edelsüßes Paprikapulver
Salz, Pfeffer aus der Mühle
250 g Rosenkohl
3 Thymianzweige
50 g magerer Schinkenspeck (in Würfeln)
3 EL kalt gepresstes Olivenöl

Für 2 Personen | Zubereitung: 20 Minuten | Garen: 45 – 50 Minuten
Pro Portion: ca. 785 kcal, 30 g EW, 72 g F, 5 g KH | Ketogene Ratio: 2 : 1

Den Backofen auf 180 °C vorheizen. Ein Backblech mit Backpapier belegen.

Die Petersilie mit 15 g weicher Butter mischen. Die Keulen waschen und trocken tupfen, die Haut vorsichtig an einer Stelle lösen und die Petersilienbutter mit einem Finger zwischen Haut und Fleisch verteilen. Die übrige Butter zerlassen, mit dem Paprikapulver mischen und die Keulen mit einem Teil der Paprikabutter rundum bestreichen. Mit Salz und Pfeffer würzen und auf das Blech legen.

Rosenkohl putzen und äußere Blätter entfernen. Rosenkohl waschen und längs halbieren, Strünke einschneiden. Thymian waschen, trocken schütteln, die Blätter abzupfen und fein hacken. Beides mischen.

Die Speckwürfel in einer Pfanne im Öl bei mittlerer Hitze knusprig braten, herausnehmen und beiseitestellen. Das Fett aus der Pfanne zum Rosenkohl geben, gut mischen und mit Salz und Pfeffer würzen.

Den Rosenkohl um die Hähnchenkeulen herum auf dem Blech verteilen, dann alles im Ofen auf der mittleren Schiene 45 bis 50 Minuten garen. Dabei nach etwa der Hälfte der Zeit die Keulen nochmals mit Paprikabutter bestreichen und den Rosenkohl auf dem Blech wenden.

Kurz vor Ende der Bratenzeit alles mit dem Speck bestreuen. Das Blech aus dem Ofen nehmen und Keulen und Rosenkohl samt Speck auf Tellern servieren.

Keto-„Petit farcis“
mit Joghurt-Dip

2–3 EL kalt gepresstes Olivenöl
1 kleine Aubergine, 1 Zucchini
1 große Tomate, 1 grüne Paprikaschote
1 rote Zwiebel, 2 Knoblauchzehen
200–300 g Hackfleisch (halb und halb)
1 Ei (Größe M), 50 g Tomatenmark
Salz, Pfeffer aus der Mühle
4 EL geriebener Parmesan
20 g Pinienkerne
100 g Joghurt (3,5 % Fett)
1 TL edelsüßes Paprikapulver
½ TL gemahlener Kreuzkümmel

Für 2 Personen | Zubereitung: 30 Minuten | Garen: 25 Minuten
Pro Portion: ca. 655 kcal, 38 g EW, 50 g F, 15 g KH | Ketogene Ratio: 1 : 1

Backofen auf 180 °C vorheizen. Eine große Auflaufform mit 1 EL Öl einfetten. Aubergine und Zucchini putzen, waschen, längs halbieren und beide Hälften aushöhlen. Tomate waschen und einen Deckel abschneiden, das Fruchtfleisch auslösen und hacken. Paprika ebenfalls halbieren, entkernen und waschen. Das ausgehöhlte Fruchtfleisch klein hacken und beiseitestellen. Das Gemüse mit der Öffnung nach oben nebeneinander in die Auflaufform setzen und im Ofen auf der mittleren Schiene etwa 15 Minuten garen. Herausnehmen und beiseitestellen.

Inzwischen Zwiebel und Knoblauch schälen, fein würfeln und in einer Pfanne im übrigen Öl andünsten. Hackfleisch hinzufügen und unter Rühren krümelig braten. Alles in eine Schüssel geben und einen Teil des Fruchtfleischs (Rest anderweitig verwenden) mit Ei, Tomatenmark und nach Belieben 1 bis 2 EL Kräutern (z. B. Basilikum, Oregano, Thymian) untermischen. Mit Salz, Pfeffer und nach Belieben mit Harissa, Zimt- oder Chilipulver würzen.

Hack-Gemüse-Mischung in das vorgegarte Gemüse füllen, mit Parmesan und Pinienkernen bestreuen. Im Ofen noch etwa 10 Minuten überbacken. Währenddessen den Joghurt mit Paprikapulver, Kreuzkümmel, Salz und Pfeffer verrühren. Das gefüllte Gemüse aus dem Ofen nehmen und den Dip dazu reichen.

KETO-TIPP

Wenn die ketogene Ratio höher als 1 : 1 sein soll, können Sie statt Joghurt Crème fraîche oder Mascarpone für den Dip verwenden.

Lammfilets
mit cremigem Spitzkohlsalat

2 kleine Lammlachse (à ca. 120 g)	1 kleine rote Zwiebel
3 Thymian- und 2 Rosmarinzweige	½ Bund Petersilie, 1 Eigelb (Größe M)
2 Knoblauchzehen	1 TL glutenfreier Dijon-Senf
125 ml kalt gepresstes Olivenöl	1 Spritzer Zitronensaft
Pfeffer aus der Mühle, 300 g Spitzkohl	Salz, 50 ml Buttermilch
2 Stangen Staudensellerie	1–2 TL Apfelessig

Für 2 Personen | Zubereitung: 25 Minuten | Marinieren: 30 Minuten
Pro Portion: ca. 785 kcal, 30 g EW, 72 g F, 7 g KH | Ketogene Ratio: 2 : 1

Die Lammlachse in eine Schale legen. Die Kräuter waschen, trocken schütteln, die Blätter bzw. Nadeln abzupfen und hacken. Knoblauch schälen und fein würfeln. Kräuter und Knoblauch mit 50 ml Öl verrühren, mit Pfeffer würzen, über das Fleisch gießen und mit den Händen einarbeiten. Abgedeckt etwa 30 Minuten marinieren.

Inzwischen vom Spitzkohl die äußeren Blätter entfernen, den Kohl vierteln und den harten Strunk entfernen. Kohl auf der Gemüsereibe fein hobeln. Staudensellerie putzen, waschen und ebenfalls fein hobeln. Zwiebel schälen und fein würfeln. Die Petersilie waschen, trocken schütteln, die Blätter abzupfen und fein hacken.

Für die Mayonnaise Eigelb mit Senf, Zitronensaft und etwas Salz in einem hohen Rührbecher mit dem Stabmixer mischen. Weitermixen und dabei das übrige Öl (75 ml) tropfenweise so lange untermixen, bis eine dicke Masse entstanden ist. Die Mayonnaise in einer Schüssel mit Buttermilch und Essig glatt rühren, salzen und pfeffern. Kohl, Sellerie, Zwiebel und Petersilie dazugeben und untermischen.

Die Lammlachse samt Marinade in einer Pfanne ohne Fett auf jeder Seite etwa 3 bis 4 Minuten medium braten. In ein Blatt Backpapier wickeln und etwa 5 Minuten ruhen lassen, dann mit Salz und Pfeffer würzen und mit dem Krautsalat servieren.

KETO-TIPP
Wer schneller Ketone bilden möchte, bereitet die Mayonnaise nicht mit Olivenöl, sondern mit MCT-Öl zu.

Wildragout
mit Pilzen und Wirsing

300 g Wildfleisch
(z. B. Reh- oder Hirschfilet)
200 g Pilze (z. B. Austernpilze, Champignons,
Pfifferlinge, Steinpilze)
1 kleine Stange Lauch, 1 Möhre
1 rote Zwiebel, 5 EL Bratolivenöl
200 g stückige Tomaten (aus der Dose)
1 TL glutenfreier mittelscharfer Senf
20 ml trockener Rotwein
½ Birne, 300 g Wirsing
Salz, 3 EL Bio-Gänseschmalz
Pfeffer aus der Mühle
1 kleines Bund Thymian
Zimtpulver, gemahlener Piment
einige Wacholderbeeren
3 EL Crème double

Für 2 Personen | Zubereitung: 45 Minuten
Pro Portion: ca. 820 kcal, 45 g EW, 62 g F, 22 g KH | Ketogene Ratio: 1 : 1

Das Fleisch etwa 3 cm groß würfeln. Die Pilze putzen, falls nötig, trocken abreiben, dabei größere Exemplare kleiner schneiden. Den Lauch putzen und waschen, die Möhre putzen und schälen, beides in schmale Scheiben schneiden.

Die Zwiebel schälen, in feine Würfel schneiden und in einer großen Pfanne in 2 EL Öl anbraten. Die Pilze mit 2 EL Öl dazugeben und weiterbraten. Das Fleisch mit Tomaten, Gemüse, Senf und Wein hinzufügen und alles mit geschlossenem Deckel bei mittlerer Hitze etwa 30 Minuten köcheln lassen. Bei Bedarf noch etwas Wasser dazugießen.

Inzwischen die Birne waschen, vierteln, entkernen und würfeln. Den Wirsing putzen, waschen, vierteln, den harten Strunk entfernen. Den Wirsing in feine Streifen schneiden und in einem Topf in sehr wenig Salzwasser 2 bis 4 Minuten blanchieren.

Sobald das Wasser verdampft ist, übriges Öl (1 EL), Gänseschmalz, Salz und Pfeffer dazugeben. Birne, Thymian, je 1 Prise Zimt und Piment sowie Wacholderbeeren hinzufügen und alles noch etwa 10 Minuten köcheln lassen. Dann die Crème double unterrühren und den Wirsing mit Salz und Pfeffer abschmecken.

Zum Servieren das Wildragout auf dem Wirsinggemüse anrichten und nach Belieben mit Birnenspalten, zuckerfreien Preiselbeeren oder Cranberrys garnieren.

Sesamlachsfilet
mit Asia-Gemüse und Wasabi

300 g Brokkoli, Salz
½ Bio-Zitrone, 250 g Crème fraîche
2 TL Wasabipaste (japan. Meerrettich)
1 Knoblauchzehe
1 haselnussgroßes Stück Ingwer
1 rote Chilischote
5 EL Bratolivenöl
1–2 TL ungesüßte Sojasauce
2 kleine Lachsfilets (à ca. 100 g; mit Haut)
10 g helle Sesamsamen

Für 2 Personen | Zubereitung: 25 Minuten
Pro Portion: ca. 785 kcal, 28 g EW, 72 g F, 8 g KH | Ketogene Ratio: 2 : 1

Den Brokkoli putzen, waschen und in die Röschen teilen. Die Stiele schälen und klein schneiden. Brokkoliröschen und -stiele in einem Topf knapp mit Salzwasser bedeckt mit geschlossenem Deckel aufkochen und 8 bis 10 Minuten bissfest garen.

Inzwischen die Zitrone heiß waschen, abtrocknen und etwa 1 TL Schale fein abreiben, den Saft auspressen. Crème fraîche mit Zitronenschale, 1–2 TL Zitronensaft und 1 TL Wasabi glatt rühren und mit Salz abschmecken.

Brokkoli in ein Sieb abgießen, kalt abschrecken und abtropfen lassen. Knoblauch und Ingwer schälen und fein hacken. Chilischote längs halbieren, entkernen, waschen und in feine Streifen schneiden. 3 EL Öl in einem Topf erhitzen und Knoblauch, Ingwer und Chili darin etwa 2 Minuten andünsten. Brokkoli dazugeben und vorsichtig untermischen, die Sojasauce hinzufügen. Alles mit geschlossenem Deckel etwa 2 Minuten schmoren, dann mit etwa 2 TL Zitronensaft beträufeln.

Währenddessen den Lachs waschen und trocken tupfen, danach auf der Fleischseite salzen und dünn mit übrigem Wasabi bestreichen. Den Sesam auf einen flachen Teller geben, den Lachs mit der bestrichenen Seite darauflegen und andrücken.

Das übrige Öl (2 EL) in einer beschichteten Pfanne erhitzen und den Lachs darin zuerst auf der Haut etwa 5 Minuten braten. Dann wenden und auf der Sesamseite bei mittlerer Hitze noch 2 bis 3 Minuten braten.

Zum Servieren den Lachs mit Brokkoli und Wasabicreme anrichten. Nach Belieben mit Kapuzinerkresseblüten garnieren.

Nizza-Fisch
mit grünen Bohnen und Oliven-Gremolata

1 Ei (Größe M)	75 ml kalt gepresstes Olivenöl
250 g grüne Bohnen	½ Bio-Zitrone
Salz	Pfeffer aus der Mühle
60 g schwarze Oliven (ohne Stein)	200 g weißes Fischfilet
30 g Pinienkerne	(z. B. Seelachs oder Kabeljau)
1 kleines Bund Petersilie (ca. 30 g)	30 g Weidebutter

Für 2 Personen | Zubereitung: 25 Minuten
Pro Portion: ca. 800 kcal, 29 g EW, 73 g F, 9 g KH | Ketogene Ratio: 2 : 1

Das Ei in kochendem Wasser etwa 6 Minuten wachsweich kochen. Währenddessen die Bohnen putzen, waschen und nach Belieben kleiner schneiden, in Salzwasser etwa 12 Minuten blanchieren. Das Ei kalt abschrecken und pellen. Die Bohnen in ein Sieb abgießen, ebenfalls kalt abschrecken und abtropfen lassen.

Für die Gremolata die Oliven grob hacken. Die Pinienkerne in einer Pfanne ohne Fett hell rösten, herausnehmen und ebenfalls hacken. Petersilie waschen, trocken schütteln, Blätter abzupfen und fein hacken.

In einer Schüssel Oliven, Pinienkerne und Petersilie mit dem Olivenöl mischen. Zitrone heiß waschen, abtrocknen und etwa ½ TL Schale fein abreiben. 1 EL Zitronensaft auspressen und mit der Schale unter die Gremolata rühren, mit Salz und Pfeffer würzen.

Den Fisch waschen, trocken tupfen und halbieren, mit Salz und Pfeffer würzen. Die Butter in einer beschichteten Pfanne zerlassen und den Fisch darin bei mittlerer Hitze auf jeder Seite 3 bis 4 Minuten braten. Zum Servieren den Fisch mit den Bohnen, je ½ Ei und der Oliven-Gremolata anrichten.

MEDIZIN AUS DER KÜCHE

Grüne Bohnen sind das ideale Diabetiker-Gemüse, da sie helfen, den Blutzucker zu senken. Unter den Hülsenfrüchten sind sie am keto-geeignetsten.

Fischfilet
mit Pesto in Varianten

- Öl für die Form
- 80 g Rucola
- ca. 60 ml kalt gepresstes Olivenöl
- ca. 50 g Pinienkerne
- Salz, Pfeffer aus der Mühle
- 2 EL geriebener Parmesan
- 2 Fischfilets (insgesamt 150–200 g; z. B. Lachs, Kabeljau, Hecht oder Barsch)

Für 2 Personen | Zubereitung: 30 Minuten | Garen: 20 Minuten
Pro Portion: ca. 605 kcal, 24 g EW, 56 g F, 3 g KH | Ketogene Ratio: 2 : 1

Den Backofen auf 200 °C vorheizen. Eine Auflaufform mit Öl einfetten.

Für das Pesto Rucola verlesen, waschen und trocken tupfen, dabei grobe Stiele entfernen. In einen hohen Rührbecher geben, Olivenöl, Pinienkerne, Salz, Pfeffer und Parmesan hinzufügen und alles mit dem Stabmixer fein pürieren.

Die Fischfilets waschen, trocken tupfen und nebeneinander in die Auflaufform legen. Mit etwas Pesto einreiben. (Alternativ den Fisch über Nacht mit dem Pesto marinieren. Dazu das Pesto ggf. mit etwas Olivenöl flüssiger rühren.)

Das restliche Pesto auf den Fischfilets verteilen. Dann die Filets im Ofen auf der mittleren Schiene etwa 20 Minuten garen. Herausnehmen und sofort servieren. Dazu gemischten Blatt- oder Gemüsesalat oder die Green Goddess Bowl (siehe Seite 76) reichen.

TIPP

Achten Sie beim Kauf von Fisch und Meeresfrüchten immer darauf, dass die Ware aus nachhaltigem Fischfang bzw. ökologischer Fischzucht oder Aquakultur stammt.

Immer wieder anders schmeckt der Fisch, wenn Sie das Pesto variieren. Für ein **Grünkohl-Kürbiskern-Pesto** anstelle von Rucola und Pinienkernen 80 g jungen Grünkohl und 80 g Kürbiskerne nehmen. Für ein **Bärlauchpesto** 100 g Bärlauch und 60 g Mandeln – schmeckt auch mit Kohlrabi- oder Rote-Bete-Blättern. Die Pesto-Varianten halten sich im Kühlschrank etwa 4 Wochen. Sie passen auch zu „Zoodles“ oder anderen Keto-Nudeln (z. B. Shirataki aus Konjakwurzelmehl, siehe Seite 183) bzw. eignen sich auch als Brotaufstrich.

Rotbarben
mit Orange, Ingwer und Fenchelgemüse

2 kleine Rotbarben (à ca. 250 g; ersatzweise Barsch)
50 ml frisch gepresster Orangensaft
120 ml Bratolivenöl
1 TL frisch geriebener Ingwer
½ TL gemahlener Kreuzkümmel
2 EL gehacktes Koriandergrün
3 Fenchelknollen
¼ l Gemüsebrühe
Salz, Pfeffer aus der Mühle
3 Knoblauchzehen
2 Orangenfilets

Für 2 Personen | Zubereitung: 25 Minuten | Marinieren: 2 Stunden
Pro Portion: ca. 680 kcal, 19 g EW, 64 g F, 11 g KH | Ketogene Ratio: 2 : 1

Die Fische innen und außen waschen und trocken tupfen, dann nebeneinander in eine große flache Auflaufform legen. Orangensaft, Öl, Ingwer, Kreuzkümmel und Koriandergrün mischen und die Salsa über die Fische träufeln. Im Kühlschrank etwa 2 Stunden marinieren.

Inzwischen den Fenchel putzen, waschen und halbieren, den harten Strunk entfernen, das Fenchelgrün zum Garnieren beiseitelegen. Fenchel in etwa 1 cm dicke Scheiben schneiden. Die Hälfte der Fenchelscheiben in der Brühe weich garen, danach mit der Brühe im Topf mit dem Stabmixer fein pürieren, mit Salz und Pfeffer abschmecken.

Den Knoblauch schälen, fein würfeln und in wenig Öl anbraten. Vom Herd nehmen und zum Fenchelpüree geben, warm halten.

Den Fisch aus der Marinade nehmen und in einer großen Pfanne in etwas Öl bei mittlerer Hitze auf jeder Seite 4 bis 5 Minuten garen, dabei vorsichtig wenden.

In einer Grillpfanne die übrigen Fenchelscheiben in etwas Öl anbraten, mit Salz und Pfeffer würzen und auf jeder Seite etwa 5 Minuten garen.

Zum Servieren das Fenchelpüree als Spiegel auf vorgewärmte Teller geben, die gegrillten Fenchelscheiben darauflegen und zuletzt die Rotbarben mit der restlichen Orangen-Ingwer-Salsa übergießen. Mit dem beiseitegelegten Fenchelgrün und den Orangenfilets garnieren.

Süßes

Genießen erlaubt! Clever zusammengestellt mit wenig Kohlenhydraten darf auch in der Keto-Küche ab und zu genascht werden. Denn was wäre das Leben ohne süße Momente? Cremiges Eis kommt dabei genauso auf den Tisch wie knackige Schoko-Crossies oder eine Baiser-Torte, die auch Gäste als Dessert oder zum Sonntagskaffee beeindruckt. Damit sich der Aufwand lohnt, sind die Rezepte in diesem Kapitel für 4 oder mehr Personen berechnet.

Panna cotta
mit Basilikum und Brombeersauce

2 Blatt Gelatine
150 g Sahne
1½ EL Erythrit
1 Bund Basilikum
100 g Quark (40 % Fett)
1 Handvoll Brombeeren
(ersatzweise andere Beeren)
20 ml Rotwein

Für 4 Personen | Zubereitung: 30 Minuten | Kühlen: 3 Stunden
Pro Portion: ca. 325 kcal, 9 g EW, 29 g F, 7 g KH | Ketogene Ratio: 2 : 1

Die Gelatine in kaltem Wasser einweichen. Inzwischen die Sahne mit 1 EL Erythrit in einem Topf langsam aufkochen. Dann bei schwacher Hitze noch etwa 5 Minuten köcheln lassen. Inzwischen das Basilikum waschen, trocken schütteln, die Blätter abzupfen und fein hacken.

Den Topf vom Herd nehmen, die Gelatine ausdrücken und in der heißen Sahne unter Rühren vollständig auflösen. Sobald die Masse lauwarm abgekühlt ist, den Quark und das Basilikum dazugeben und alles mit dem Stabmixer fein pürieren. Die Panna cotta auf Dessertgläser oder -schalen verteilen und im Kühlschrank etwa 3 Stunden fest werden lassen.

Inzwischen die Beeren verlesen und waschen, in einem Topf mit dem Wein kurz aufkochen, übriges Erythrit hinzufügen. Vom Herd nehmen und beiseitestellen.

Zum Servieren die Brombeersauce auf der Panna cotta verteilen, nach Belieben mit Zitronenmelisse- oder Pfefferminzblättern und etwas abgeriebener Bio-Zitronenschale garnieren. Die Panna cotta hält sich 3 bis 4 Tage im Kühlschrank.

MEDIZIN AUS DER KÜCHE

Dunkle Beeren liefern viele Antioxidantien, vor allem aus der Gruppe der Anthocyane. Diese können zell- und gefäßschädigende freie Radikale im Körper reduzieren. Durch Erhitzen steigert sich sogar noch die antioxidative Wirkung der Beeren.

Tipp: Wer abnehmen möchte, aber eine ganze Portion Panna cotta als Dessert genießen will, sollte sich vom Hauptgericht nur die Hälfte gönnen. Oder die Panna cotta mit einer zusätzlichen Sporteinheit ausgleichen ...

Keto-Mousse au Chocolat
mit Bitterschokolade

100 g dunkle Schokolade (mindestens 80 % Kakaoanteil)
1 EL Erythrit
3 Eier (Größe M)
50 g Sahne
Salz

Für 4 Personen | Zubereitung: 20 Minuten | Kühlen: 2 Stunden
Pro Portion: ca. 230 kcal, 8 g EW, 18 g F, 9 g KH | Ketogene Ratio: 1 : 1

Schokolade grob hacken und mit dem Erythrit in einer Metallschüssel über dem heißen Wasserbad unter Rühren schmelzen. Vom Wasserbad nehmen und etwas abkühlen lassen.

Die Eier trennen. Die Eigelbe mit der Sahne zur geschmolzenen Schokolade geben und mit den Quirlen des Handrührgeräts gründlich untermischen. Die Eiweiße mit 1 Prise Salz zu steifem Schnee schlagen. Ein Drittel des Eischnees mit einem Schneebesen untermischen, den Rest mit einem Teigschaber vorsichtig unterheben. Die Mousse etwa 2 Stunden kühl stellen. Wer will, füllt die Mousse vorher bereits in Dessertgläser oder -schalen.

Ansonsten zum Servieren die Mousse auf Schalen verteilen und nach Belieben jeweils mit 1 Scheibe Bio-Orange und 1 Melissenblatt garnieren, mit Zimt bestreuen. Im Winter passen auch Chilifäden, gemahlene Nelken oder Kardamom als würziges Topping. Die Mousse hält sich im Kühlschrank 2 bis 3 Tage.

TIPP

Erythrit ist die gesündeste Zuckeralternative in der Keto-Küche und wirkt auch noch antioxidativ. Es hat nur 70 % Süßkraft, dafür aber null Kalorien. Hergestellt wird Erythrit durch Fermentieren von (aus Maisstärke hergestelltem) Traubenzucker. Ebenso wie bei Xylit wird Erythrit als Zuckeralkohol nicht verdaut, deshalb kann man es bei der Nährwertberechnung mit 0 g KH ansetzen.

MEDIZIN AUS DER KÜCHE

Kakao ist Spitzenreiter unter den Lebensmitteln, was seine Fähigkeit, freie Sauerstoffradikale abzufangen, angeht (ORAC-Schutzpotenzial). 20 bis 30 Gramm Kakao decken bereits den Tagesbedarf an Antioxidantien – am besten natürlich immer ungesüßt.

Kokosriegel
mit Bitterschokolade und Vanille

70 g natives Kokosöl
175 g Kokosraspel
1 EL natürlicher Vanilleextrakt
(ersatzweise Mark von 1 Vanilleschote)

¼ TL Salz
200 g dunkle Schokolade
(mindestens 80 % Kakaoanteil)
Kokosraspel zum Bestreuen

Für ca. 24 Stück | Zubereitung: 30 Minuten | Tiefkühlen: 30 Minuten | Festwerden: 1 Stunde
Pro Stück: ca. 115 kcal, 1 g EW, 12 g F, 4 g KH | Ketogene Ratio: 2:1

Eine flache Auflaufform (ca. 10 x 24 cm) mit Backpapier auslegen.

In einem kleinen Topf 60 g Kokosöl zerlassen, in eine Rührschüssel geben und etwas abkühlen lassen. Die Kokosraspel, Vanille, Salz und 2 bis 3 EL Wasser hinzufügen und alles mischen. Falls die Masse zu fest ist, esslöffelweise noch etwas Wasser untermischen, bis sie gut formbar ist.

Die Masse mit einem Löffel gleichmäßig in der Form verteilen, dabei etwas festdrücken und mindestens 30 Minuten gefrieren lassen.

Anschließend die Kokosplatte mithilfe des Backpapiers aus der Form heben. In etwa 24 Riegel (à ca. 5 x 1 cm) schneiden. Dabei nach Belieben die Ecken mit den Händen etwas abrunden. Die Riegel kühl stellen.

Die Schokolade grob hacken, mit dem übrigen Öl (1 EL) in einer Metallschüssel über dem heißen Wasserbad unter Rühren schmelzen.

Die Kokosriegel einzeln mit einer Gabel in die Schokolade tunken und rundum damit überziehen. Abtropfen lassen und auf einem Kuchengitter etwa 1 Stunde fest werden lassen, dabei jeden Riegel mit 1 Prise Kokosraspel bestreuen.

Die Riegel in einer gut schließenden Dose im Kühlschrank aufbewahren. So halten sie sich etwa 2 Wochen.

TIPP
Wer es süßer mag, mischt noch etwas Erythrit oder Stevia unter die Kokosmasse. Anstelle von Kokosöl können Sie auch ein aromatisiertes Speiseöl verwenden.

Frozen Yoghurt
mit Himbeeren

- 250 g tiefgekühlte Himbeeren
- 1 EL natives Kokosöl
- 200 g griechischer Joghurt (10 % Fett)

Für 2 Personen | Zubereitung: 5 Minuten
Pro Portion: ca. 205 kcal, 5 g EW, 15 g F, 10 g KH | Ketogene Ratio: 1 : 1

Die gefrorenen Himbeeren mit Kokosöl und Joghurt in einem leistungsstarken Standmixer etwa 30 Sekunden cremig pürieren. Dabei zwischendurch nach Bedarf stoppen und die Masse mit einem Spatel nach unten schieben.

Nach Belieben mit etwas Erythrit oder Stevia süßen. Auch fein gehackte Rosmarinnadeln passen gut in das Eis. Den Frozen Yoghurt eventuell vor dem Servieren etwa 15 Minuten einfrieren, damit er etwas fester wird.

Den Frozen Yoghurt in Dessertgläsern oder -schalen anrichten und nach Belieben mit Minzeblättern garnieren. Alternativ in eine gut schließende Gefrierbox füllen und bis zum Verzehr einfrieren.

TIPP

Ihr Mixer oder Stabmixer ist nicht ganz so leistungsstark? Dann die Beeren vor dem Mixen am besten 5 bis 10 Minuten bei Zimmertemperatur antauen lassen.

KETO-TIPP

Durch die Zugabe von Fett lässt sich die ketogene Ratio steigern. Dazu kann man entweder MCT-Öl verwenden oder den Joghurt durch Sahne ersetzen (dann sollten die Himbeeren bei der Zubereitung auf jeden Fall gefroren sein).

Erdbeeren
im Schoko-Pistazien-Mantel

200 g Erdbeeren
60 g dunkle Schokolade (mindestens 80 % Kakaoanteil)
1 EL natives Kokosöl
50 g Pistazienkerne (ersatzweise geschälte Mandeln)

Für 4 Personen | Zubereitung: 15 Minuten | Trocknen: 1 Stunde
Pro Portion: ca. 195 kcal, 3 g EW, 17 g F, 11 g KH | Ketogene Ratio: 1 : 1

Ein Tablett mit Backpapier auslegen. Die Erdbeeren waschen, putzen und gut trocken tupfen. Das Grün nach Belieben entfernen.

Die Schokolade grob hacken und in einer Metallschüssel über dem heißen Wasserbad unter Rühren schmelzen. Das Kokosöl unterrühren. Die Pistazien fein hacken und auf einen flachen Teller geben.

Die Erdbeeren jeweils mit der Spitze zu etwa zwei Dritteln in die geschmolzene Schokolade tauchen. Herausnehmen, kurz abtropfen lassen und sofort in den Pistazien wälzen. Die Erdbeeren nebeneinander auf das Tablett legen und mindestens 1 Stunde trocknen lassen. Die Erdbeeren in einer gut schließenden Dose im Kühlschrank aufbewahren – so bleiben sie 2 bis 3 Tage frisch.

MEDIZIN AUS DER KÜCHE

Erdbeeren punkten unter den Obstsorten mit einer besonders niedrigen glykämischen Last (siehe Seite 17). Darum dürfen es auch mal etwas mehr sein! Durch die neuen Spätsorten lässt sich übrigens die Saison von Mai bis Oktober verlängern. Erdbeeren wirken entgiftend, entwässernd und zellschützend.

Keto-Crossies

Für ca. 18 Stück | Zubereitung: 10 Minuten | Festwerden: 1 Stunde

Pro Stück (grüne Zutaten): ca. 45 kcal, 1 g EW, 5 g F, 2 g KH | Ketogene Ratio: 2 : 1

50 g Saaten und Nusskerne (nach Belieben gemischt, am besten hell geröstet)

Macadamianusskerne	Kokoschips	gehackte Mandeln oder Walnusskerne	Kürbiskerne	gehackte Paranusskerne	geschälte Hanfsamen	Haselnussblättchen

&

100 g zerlassene dunkle Schokolade (mindestens 80 % Kakaoanteil)

&

1 Prise Geschmacksgeber

Pfeffer aus der Mühle	gemahlene Vanille	gemahlener Kardamom	gemahlene Kurkuma	Ingwerpulver

So wird's gemacht

Ein Tablett mit Backpapier auslegen. Den Nuss-Mix unter die zerlassene Schokolade mischen. Aus der Masse mit zwei Teelöffeln etwa 18 kleine Häufchen nebeneinander auf ein Tablett setzen und im Kühlschrank etwa 1 Stunde fest werden lassen. Für vegane Crossies eine vegane Schokolade verwenden und mit 1 Prise Salz würzen, das verbessert das Aroma. Die Keto-Crossies halten sich in einer gut schließenden Dose im Kühlschrank mindestens 2 Wochen. Wer abnehmen möchte, nimmt nur ein Crossie zum Nachtisch oder Kaffee – und genießt es dafür doppelt!

Auf „Himbeer-Wolke 7“
Baiser mit Schokolade und Himbeersahne

5 Eiweiß (Größe M)
5 EL Erythrit
150 g dunkle Schokolade (mindestens 80 % Kakaoanteil)
100 g Crème fraîche
300 g Himbeeren
200 g Sahne

Für 1 Springform (ca. 20 cm Durchmesser, 8 Stücke)
Zubereitung: 30 Minuten | Backen: 1 Stunde | Abkühlen: 30 Minuten
Pro Stück: ca. 220 kcal, 5 g EW, 18 g F, 12 g KH | Ketogene Ratio: 1 : 1

Den Backofen auf 120 °C vorheizen. Die Springform mit Backpapier auslegen.

Die Eiweiße mit der Küchenmaschine sehr steif schlagen, dann das Erythrit unter vorsichtigem Rühren hinzufügen. Die Baisermasse locker in der Springform verteilen und im Ofen auf der mittleren Schiene etwa 1 Stunde backen. Danach die Backofentemperatur ausschalten, die Masse im Ofen etwa 30 Minuten abkühlen lassen.

Inzwischen die Schokolade grob hacken und mit der Crème fraîche in einer Metallschüssel über dem heißen Wasserbad unter Rühren schmelzen. Das Baiser aus der Form lösen, auf eine Kuchenplatte setzen und mit der Schokolade übergießen.

Die Himbeeren verlesen, waschen und trocken tupfen. Die Sahne steif schlagen. Sobald die Schokoladenmasse abgekühlt ist, die Sahne locker darübergeben und zuletzt die Himbeeren daraufsetzen.

Zum Servieren die „Wolke 7“ nach Belieben mit einigen Melisse- oder Minzeblättern garnieren und mit Erythrit-Puderzucker bestäuben (diesen können Sie leicht selbst herstellen, indem Sie das Erythrit im Küchenmixer auf hoher Stufe zu feinem Puderzucker vermahlen).

MEDIZIN AUS DER KÜCHE

Himbeeren sind heimisches Superfood und Stars in der Keto-Küche! Sie sind reich an Vitaminen, Mineral- und Ballaststoffen und wirken dank des hohen Salicylsäuregehalts zumindest vorbeugend wie pflanzliches Aspirin – sie senken also das Risiko für Schlaganfall und Herzinfarkt. Himbeeren haben außerdem krebshemmende Wirkstoffe und hemmen Zellgifte.

Keto-Brownies
mit Beerenmischung

200–500 g gemischte Beeren (z. B. Blau-, Him- oder Johannisbeeren, frisch oder tiefgekühlt)
100 g Dr. Almond Browniezauber-Kuchenmischung (siehe Seite 183)
6 Eier (Größe M)
200 g Sahne
50 g Kakaopulver
100 g weiche Weidebutter
Erythritpuderzucker zum Bestäuben

Für 1 Backblech (24 Stücke) | Zubereitung: 20 Minuten | Backen: 20 Minuten
Pro Stück: ca. 100 kcal, 4 g EW, 9 g F, 2 g KH | Ketogene Ratio: 2 : 1

Den Backofen auf 180 °C Umluft vorheizen. Eine Auflaufform (ca. 20 x 30 cm) einfetten oder mit Backpapier auslegen. Beeren verlesen, waschen und trocken tupfen, dabei die Johannisbeeren von den Rispen streifen. (Tiefkühlware rechtzeitig auftauen.)

In der Küchenmaschine die Backmischung mit den Eiern, der Sahne und dem Kakao zu einem sämigen Teig verrühren. Die weiche Butter zum Teig geben und unterrühren. Eine weihnachtliche Note bekommen die Brownies, wenn Sie etwas Nelkenpulver oder gemahlenen Kardamom unter den Teig rühren.

Den Brownieteig gleichmäßig in der Form verteilen und mit Beeren belegen. Im Ofen auf der mittleren Schiene etwa 20 Minuten backen.

Herausnehmen und auf einem Kuchengitter abkühlen lassen. Zum Servieren den Kuchen mit dem Erythritpuderzucker bestäuben und in 24 Stücke schneiden.

KETO-TIPP

Wer den Fettanteil noch etwas erhöhen möchte, kann zu jedem Brownie noch 1 großzügigen EL Schlagsahne essen. Dann kommen pro Stück noch etwa 6 g Fett dazu und die ketogene Ratio liegt bei 3 : 1.

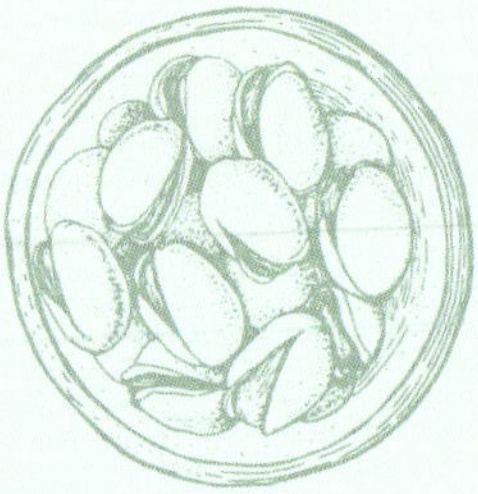

„Mit Keto habe ich 10 kg Gewicht verloren, kann das neue Gewicht gut halten und fühle mich wunderbar und voller Energie. Schade, dass ich so alt werden musste, um diese Erfahrung zu machen."
Karin Geistmann (60 Jahre, Ausgangsgewicht: 76 kg)

„Als Hashimoto-Patientin mit einer chronischen Entzündung der Schilddrüse nahm ich an Gewicht zu und litt unter Müdigkeit und Haarausfall. Seit der Umstellung auf Keto gab es viele positive Veränderungen: Meine Autoimmunerkrankung hat sich gebessert, ebenso mein Hautbild, mein Schlaf und meine Leistungsfähigkeit. Beim Sport werde ich heute manchmal gefragt, woher ich die Power und die Ausdauer nehme." **Janina Jahn (29 Jahre)**

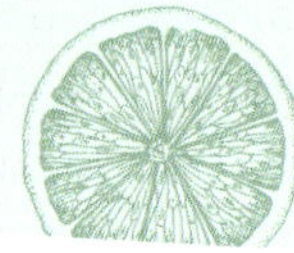

„Für mich ist der größte Erfolg, dass sich meine Migräneanfälle durch die Umstellung auf ketogene Ernährung von einem pro Woche auf einen in etwa drei Monaten verringert haben. Das gibt mir ein komplett neues Lebensgefühl, ich kann wieder regelmäßig zur Schule gehen, turnen und Trompete spielen."
Dorothea Lochstampfer (18 Jahre)

„Mein Lipo-/Lymphödem hat sich so weit gebessert, dass ich seit 6 Monaten nicht mehr täglich Kompressionskniestrümpfe tragen muss, sondern nur noch bei sehr warmem Wetter, längeren Autofahrten oder Flugreisen." **Walburga Zimmermann (64 Jahre)**

„Die Umstellung auf Keto ging leichter, als ich befürchtet hatte, und es schmeckt mir hervorragend. Als Krebs-Patientin freue ich mich seither über konstante Tumorwerte und fühle mich körperlich und geistig fitter." **Beate Engel (56 Jahre)**

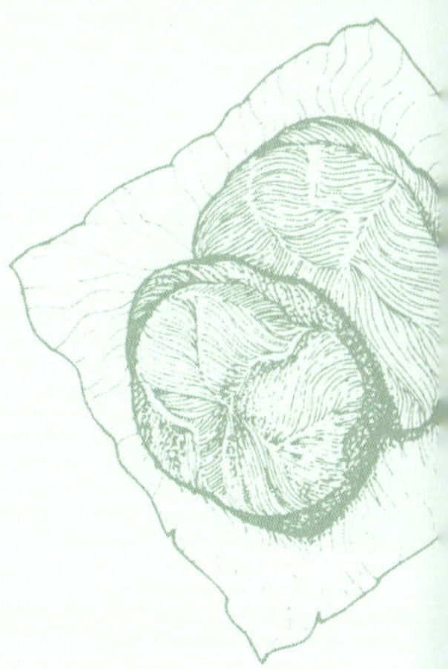

Medizin aus der Küche und der Kräuterapotheke

Wie und warum kann eine ketogene Ernährung gegen verschiedene Krankheiten helfen? Stellen Sie sich Folgendes vor: Wir haben nur einen Blutkreislauf, ein Nervensystem, ein Gehirn, einen Darm – und alles kommuniziert miteinander. Ja, auch der Darm mit dem Gehirn. Deswegen darf, was an einer Stelle nützt, anderswo nicht schaden. Oder positiv formuliert: Mit der Ernährung haben wir die Möglichkeit, in alle grundsätzlichen Körpervorgänge bis auf die Zellebene einzuwirken. Regulierend, stimulierend, ausgleichend, lindernd, heilend, aufbauend. Stimmt die Ernährung, kann der Körper sich selbst helfen, weil die Bausteine da sind, die er zur Selbstheilung braucht: Das Immunsystem kann wirkungsvoll Krankheiten bekämpfen und richtet sich nicht „versehentlich" gegen köpereigene Strukturen. Wunden können besser heilen, der Darm arbeitet optimal, Entzündungen gehen zurück und die interne Appetitregulation funktioniert wieder. Zellen können sich regenerieren und geregelt teilen, können „Altlasten" abbauen und sich wieder mit ausreichend Energie versorgen.

Mit einer pflanzenbetonten ketogenen Ernährung gelingt dies besonders gut. Daher haben wir für Sie auf den folgenden Seiten zusammengestellt, warum und wie die ketogesunde Ernährung bei vielen heute häufigen Erkrankungen hilft. Sie erfahren außerdem, wie Sie mithilfe der Medizin aus der Küche und der Kräuterapotheke Ihre Genesung wirksam unterstützen können – und was Sie besser lassen sollten. Eine Übersicht darüber, welche Gerichte aus dem Rezeptteil besonders gut bei welchen Krankheiten geeignet sind, finden Sie im Register ab Seite 179.

Abnehmen mit Sahnetupfer

Mit einer fettbetonten, eiweißreicheren Kost lässt sich ungesundes Übergewicht abbauen, ganz ohne zu hungern oder Kalorien zu zählen. Und vor allem ohne Jo-Jo-Effekt! Richtig gesund wird's dann mit reichlich Gemüse, Kräutern und Ballaststoffen.

Ein dickes Problem

Seit 1975 hat sich die Zahl der Menschen mit Übergewicht auf der Welt verdreifacht. In Deutschland ist mehr als die Hälfte der Erwachsenen zu dick, fast ein Viertel ist sogar adipös, also krankhaft übergewichtig. Das ist mehr als ein kosmetisches Problem: Übergewicht führt zu chronischen Entzündungen, einer Art „Schwelbrand" im Körper, der wiederum eine ganze Reihe an Folgeerkrankungen nach sich ziehen kann: von Hautproblemen wie Akne, Ekzemen und Schuppenflechte über Depressionen bis hin zu Diabetes, Herz-und Gefäßleiden sowie Krebs. Gerade wegen dieser Begleiterkrankungen stellt Adipositas mittlerweile die fünfthäufigste Todesursache weltweit dar.

Fett sparen: magere Ergebnisse

Doch was macht uns zu dick? Jahrzehntelang hieß es: zu viel Fett im Essen und zu wenig Bewegung. Dadurch kippe die Energiebilanz und man werde dick, weil man mehr Kalorien zu sich nimmt, als man verbraucht. Um abzunehmen, so der Rat, müsse man weniger Kalorien verzehren und mehr Kalorien in Form von Bewegung verbrauchen. Da Fett die meisten Kalorien hat, empfehle es sich, Fett zu sparen und mehr Kohlenhydrate zu verzehren. Doch diese

Aus der Praxis: ran an den Speck

Wir führen in unserem Zentrum für ganzheitliche Medizin seit 12 Jahren erfolgreich unser Therapiekonzept „Schlank... Natürlich!" durch. Im Rahmen einer Pilotstudie konnten wir bei 80 Patienten nach einer durchschnittlichen Gewichtsreduktion von rund 10 % auch noch nach 3 Jahren bei 75 % der Personen eine Gewichtsstabilisierung nachweisen. Das ist sensationell. Und es zeigt eindrucksvoll, dass eine Gewichtsabnahme unter ketogener Erährung weitaus nachhaltiger gelingen kann als mit herkömmlichen Diäten. Dabei beeindruckt mich immer wieder, wie schnell sich selbst stark schwankende Blutzuckerspiegel normalisieren. Blutdruck- und Cholesterinsenker können meist reduziert oder ganz abgesetzt werden. Dass gesundes Abnehmen langsam erfolgen muss, ist ebenfalls ein Mythos. Das Gegenteil ist der Fall: Mit ketogener Ernährung nehmen die Patienten schnell ab – oft bis zu 2 kg pro Woche – und fühlen sich pudelwohl dabei. Und sie sind dadurch natürlich hoch motiviert. Das fördert das Durchhaltevermögen insbesondere bei stark adipösen Patienten, bei denen nicht selten 60 und mehr Kilos purzeln.

Rechnung geht nicht auf. Auf eine verringerte Kalorienzufuhr reagiert der Körper, indem er den Energieverbrauch senkt: Man friert leichter, bewegt sich unwillkürlich weniger, kann sich weniger gut konzentrieren. Der Grundumsatz sinkt dauerhaft ab – und nach der Diät kommt es zum gefürchteten Jo-Jo-Effekt. Anders als Fett führen Kohlenhydrate zu einer vermehrten Ausschüttung des Hormons Insulin, das für die Fettspeicherung verantwortlich ist. Es ist darum kein Wunder, was Studien immer wieder gezeigt haben: Die Erfolge fettreduzierter Diäten sind meist mager und halten nur selten an.

Darum: keto-gesund abnehmen

Mit kohlenhydratreduzierten, fettbetonten Ernährungsformen verhält es sich anders. Sie erleichtern das Abnehmen, weil sie den Blutzucker- und den Insulinspiegel flach halten. Das fördert die Fettverbrennung. Zugleich sorgen der höhere Fettanteil und das Protein im Essen für eine anhaltende Sättigung. Sobald Fett verbrannt und Ketone gebildet werden, stehen Muskeln, Herz und Hirn hervorragende Energielieferanten in Form von Fettsäuren und Ketonkörpern zur Verfügung. Die inneren Fühler signalisieren, dass ausreichend Energie vorhanden ist – der Hunger bleibt aus. Ketone dämpfen den Hunger zusätzlich. Unter einer ketogenen Diät werden also weniger Kalorien zugeführt als benötigt und der Körper wehrt sich nicht gegen das Abnehmen.

Wie viel Fett zum Abnehmen?

Wer abnehmen möchte, will körpereigene Fettüberschüsse abbauen. Bei einer keto-gesunden Abspeckdiät darf dennoch mehr Fett gegessen werden als bei anderen Diäten. Denn die Leber soll ja Ketone bilden – und dazu benötigt sie einen niedrigen Insulinspiegel und Fette. Um den Insulinpegel niedrig zu halten, muss die Diät kohlenhydratarm sein. Ein angemessen hoher Proteingehalt (ca. 0,8 bis 1,2 g pro Kilo Normalgewicht) ist wichtig für den Muskelerhalt und unterstützt die Sättigung. Gleiches bewirken viel Gemüse, Kräuter und Salate, denn diese voluminösen, kalorienarmen Lebensmittel dehnen den Magen, was das Hungerhormon Ghrelin ausbremst. Das allein würde jedoch nicht genügen. Deshalb isst man dazu noch so viel Fett oder fettreiche Lebensmittel, dass es gut schmeckt und sättigt. Die Ketone in einer keto-gesunden Diät stammen also aus Fetten der Nahrung UND der körpereigenen Reserven. Menschen, die nicht abnehmen wollen oder dürfen, müssen alle Fette für die Ketonbildung essen. Eine ketogene Reduktionsdiät enthält also mehr Fett als übliche Diäten, aber weniger Fett als eine gewichtserhaltende ketogene Ernährung. Zum Abnehmen empfehlen wir daher besonders die Rezepte mit der ketogenen Ratio 1 : 1. Außerdem gibt es bei zahlreichen Rezepten mit einer höheren ketogenen Ratio auch einen Tipp zum Abfetten.

Die Darmflora auf „schlank“ trimmen

Ballaststoffe sind mehr oder weniger unverdaulich für den Menschen. Dennoch sind sie wichtig, denn von bestimmten Mitbewohnern in unserem Darm werden sie zu kurzkettigen Fettsäuren umgebaut. Und die können mithilfe des Vagusnervs bis ins Gehirn appetitdämpfend wirken. Zudem dienen sie den nützlichen Darmbakterien als Futter, wirken also als Präbiotika. Dadurch verbessert sich auch die Vielfalt unserer mikrobiellen Mitbewohner. Wer sich keto-gesund ernährt, füttert so ganz nebenbei die Fraktion der Schlankmacherkeime.

Grüner Protein-Smoothie

¼ Bio-Zitrone (Schale und Fruchtfleisch)
½ saurer Apfel oder ½ Birne
1 Handvoll frische Minze
100 g Quark (20 % Fett)
100 g Spinat oder anderes grünes Blattgemüse
1 EL Flohsamen
1 TL Grünteepulver oder -blätter
200 ml ungesüßter Mandeldrink

Zubereitung: Alle Zutaten in einem Hochleistungsmixer fein pürieren. Den Smoothie nach Belieben mit 100–200 ml Wasser verdünnen und je nach Geschmack mit 1 TL Erythrit süßen.

Ganz wichtig: Da die Flohsamen quellen, den Smoothie sofort trinken und unbedingt 2 Gläser Wasser nachtrinken, sonst gibt es Verstopfung.

- Abwandeln können Sie dieses Rezept je nach Jahreszeit mit ½ Salatgurke, 1 Stange Staudensellerie, Blattsalaten sowie Kräutern der Saison. Für zusätzliche Würze sorgen Ingwer oder 1 Prise gemahlene Kurkuma.
- Der grüne Smoothie macht richtig satt und zügelt den Appetit. Für eine Person ergibt er ein komplettes Frühstück.
- Man kann den Smoothie aber auch halbieren und zum Frühstück eine Schnitte Nuss-Saaten-Brot dazu essen (herzhaft mit Käse oder süß mit Chia-Konfitüre, siehe Seite 38).
- Für eine vegane Smoothie-Variante den Quark durch 100 g Seidentofu ersetzen.
- Wer beim Abnehmen den Turbo einlegen will, reduziert etwas Fett und nimmt beim Quark die Magerstufe.

Teemischung „Rank & Schlank“

20 g Hibiskusblüten
20 g Grüntee Sencha (Pulver oder Teeblätter)
20 g Brennnesselblätter
20 g Ingwer
20 g Bio-Zitronenschale

Zubereitung: Pro Tasse 1 TL der Mischung mit kochendem Wasser übergießen. Zugedeckt etwa 10 Minuten ziehen lassen und abseihen. 3-mal täglich eine Tasse genießen. Bei Bedarf mit Erythrit süßen.

Der Tee wirkt appetithemmend und entwässernd und regt den Stoffwechsel an.

Fatburner und andere Abnehmhelfer

- Zitronen und Essig haben eine antiglykämische Wirkung: Sie sorgen dafür, dass der Blutzuckerspiegel nach dem Essen um bis zu 20 % weniger ansteigt. Geben Sie dem Essen, wann immer möglich, ein paar Spritzer Zitrone hinzu oder trinken Sie vor dem Essen ein Glas Wasser mit 1 EL Apfelessig.
- Nüsse: Obwohl sie hochkalorisch sind, kurbelt eine Handvoll Nüsse am Tag zusätzlich die

Fettverbrennung an. In Studien nehmen Probanden, die Nüsse essen, daher besser ab als die Vergleichsgruppe, die keine Nüsse isst.
- Grüntee: Die Catechine im Grüntee helfen, den Stoffwechsel und die Fettverbrennung anzukurbeln.
- Cayennepfeffer: Wer sein Essen mit ca. 8 g Cayennepfeffer würzt, verbrennt möglicherweise mehr Kalorien (Achtung: sehr scharf!).
- Trinken Sie vor den Mahlzeiten größere Mengen (warmes) Wasser zur Magenfüllung.

Dos

- Essen Sie langsam und bewusst. Es dauert ca. 20 Minuten, bis sich beim Essen ein Sättigungsgefühl einstellt. Das schaffen Sie leicht, wenn Sie jeden Bissen 20-mal kauen.
- Bewegen Sie sich täglich mindestens 1 Stunde. Fangen Sie langsam an und steigern Sie sich kontinuierlich. Um auf die geforderten 10 000 Schritte pro Tag zu kommen, kann ein Schrittzähler hilfreich sein.
- Sport vor dem Frühstück verbrennt besonders effektiv körpereigene Fettdepots.
- Putzen Sie Ihre Zähne nach dem Essen oder nehmen Sie Bitterstofftropfen ein. Das reduziert den Appetit auf Süßes nach dem Essen.
- Essen Sie möglichst früh zu Abend. Wenn das mal nicht möglich ist, dann halten Sie mindestens eine 10- bis 14-stündige Pause bis zur nächsten Mahlzeit ein.
- Trimmen Sie Ihre Darmbakterien auf schlank mit fermentierten und ballaststoffreichen Lebensmitteln bzw. nehmen Sie regelmäßig Prä- und Probiotika ein.
- Bringen Sie bei Einladungen Ihren eigenen Keto-Kuchen mit. Das kommt gut an und Sie vermeiden, als Spaßbremse abgestempelt zu werden (siehe Rezepte Seite 134 und 136).
- Reduzieren Sie Plastik! Das darin enthaltene Bisphenol A steht in dringendem Verdacht, nicht nur das Hormonsystem zu stören, sondern auch Übergewicht zu fördern.

Don'ts

- Gehen Sie nicht hungrig einkaufen. Womöglich können Sie dann den „Lockvögeln" in der Kassenzone nicht widerstehen.
- Horten Sie keine kohlenhydratreichen Lebensmittel zu Hause. Erklären Sie Ihren Haushalt zur naschzeugfreien Zone.
- Unterbrechungen der Ketose können Sie schnell mal ein bis zwei Kilo kosten. Wenn es doch mal passiert: eine Zusatzeinheit Sport machen oder eine Mahlzeit auslassen.
- Vermeiden Sie Zwischenmahlzeiten, wann immer es geht. Versuchen Sie, mit drei Mahlzeiten pro Tag auszukommen. So gelingt es am besten, Ihre Blutzuckerkurve zu stabilisieren.
- Tun Sie etwas gegen Schlafmangel und versuchen Sie, vor Mitternacht noch eine Mütze Schlaf zu finden. Denn da läuft die Fettverbrennung auf Hochtouren. Das liegt an der Ausschüttung des Wachstumshormons HGH, das besonders während der nächtlichen Tiefschlafphasen gebildet wird. Vor allem, wenn die Abendmahlzeit proteinreich ist und mindestens 3 Stunden vor dem Zubettgehen lag.
- Längere Stressbelastungen sind schädlich für die Figur. Durch die Ausschüttung der Stresshormone schaltet der Körper auf sein Notprogramm um und legt quasi einen Fettvorrat für „schlechte Zeiten" ab. Wer länger anhaltenden Stress hat und abnehmen will, kämpft gegen Windmühlen.

Kohlenhydratarm gegen den Zucker

Diabetes galt bislang als chronische Krankheit, die unweigerlich fortschreitet. Heute wissen wir: Diabetes holt man sich im Supermarkt. Mit einer keto-gesunden Ernährung lässt er sich nicht nur vermeiden, sondern auch erfolgreich behandeln.

Weltweite Epidemie

Diabetes hat sich zur Volkskrankheit entwickelt: Allein seit 1980 hat sich die Zahl der Erkrankten weltweit vervierfacht. In Deutschland, wo die Häufigkeit vor 70 Jahren noch bei unter 1 % lag, sind heute knapp 10 % der Bevölkerung betroffen, also rund 7 Millionen Menschen. Jährlich kommen 500 000 Neuerkrankungen hinzu. Schätzungen zufolge kommen dazu noch rund viermal so viele Personen, die am metabolischen Syndrom leiden, einer Vorstufe der Zuckerkrankheit (Prädiabetes). Das Syndrom geht mit bestimmten Fettstoffwechselstörungen (hohe Triglyzeride und niedriges HDL-Cholesterin), mit Bluthochdruck, einem vermehrten Bauchumfang und/oder ersten Störungen des Zuckerstoffwechsels (Insulinresistenz, erhöhter Blutzucker) einher. Oft finden sich auch schon chronische Entzündungen, erhöhte Harnsäurewerte und erste Schäden am Gefäßsystem.
Rund 95 % der Zuckerkranken leiden an einem Typ-2-Diabetes, einer Form, die früher ausgesprochen selten war und erst im Alter auftrat. Im Gegensatz zum Typ-1-Diabetes, der zu den Autoimmunerkrankungen zählt und mit einem absoluten Insulinmangel einhergeht, haben Typ-2-Diabetiker und Prädiabetiker meist einen viel zu hohen Insulinspiegel. Allerdings reagieren deren Zellen nicht mehr ausreichend auf das Hormon (Insulinresistenz). Deswegen muss ihr Körper immer mehr Insulin ins Blut senden, was jedoch immer weniger bewirkt. Die Folge sind stetige Gewichtszunahmen und ein Voranschreiten des Diabetes. Damit steigt auch das Risiko für Herz-, Hirn-, Augen-, Nerven- und Nierenschäden.

Zucker und Insulinwerte normalisieren

Bis heute wird Prädiabetikern und Typ-2-Diabetikern noch häufig eine „gesunde Mischkost" mit wenig Fett empfohlen. Dabei soll die Hälfte des Energiebedarfs aus „gesunden" Kohlenhydraten gedeckt werden. Doch auch Vollkornbrot und Obst treiben den Blutzucker nach oben. Und der ist bei Diabetikern ohnehin zu hoch. Um den Blutzucker wieder zu senken, benötigen Diabetiker und Prädiabetiker aufgrund ihrer Insulinresistenz bis zu zehnmal mehr Insulin als Gesunde. Das macht auf Dauer nicht nur die Gefäße kaputt, sondern erschöpft auch die Bauchspeicheldrüse, die mit der Insulinbildung irgendwann nicht mehr mitkommt. Dann wird zusätzliches Insulin verordnet und gespritzt, was den Teufelskreis weiter antreibt.
Noch vor 100 Jahren – das Insulin war noch nicht entdeckt – wurde Diabetes ganz anders behandelt: Zucker, Reis, Kartoffeln, Brot und andere Lebensmittel, die den Blutzucker erhöhen, waren streng verboten. Dafür durften die Patienten nach Belieben Fleisch, Butter und Kohl essen. Anders gesagt: Die traditionelle Behandlung von Diabetes bestand in einer ketogenen Ernährung. Wichtig: Bei Typ-1-Diabetes sind Insulingaben lebensrettend und notwendig! Aber auch Typ-2-Diabetiker dürfen ihre Medikamente nicht ohne Rücksprache mit dem Arzt

absetzen oder reduzieren! Mit einer keto-gesunden Ernährung kann es jedoch in vielen Fällen gelingen, den Zucker- und Insulinstoffwechsel bei Diabetes wieder so weit zu normalisieren, dass Medikamente abgesetzt werden können. Typ-1-Diabetiker können meist mit weniger Insulin auskommen. Jedoch gilt in beiden Fällen: nie auf eigene Faust!

Umfassende Stoffwechselsanierung

Da es sich beim metabolischen Syndrom (Prädiabetes) und bei Typ-2-Diabetes um Störungen des Kohlenhydrat- und Insulinstoffwechsels handelt, liegt es nahe, alles zu tun, um die überhöhten Insulin- und Blutzuckerwerte zu reduzieren. Eine keto-gesunde Ernährung tut genau das: Indem sie die Kohlenhydrate drastisch reduziert, senkt sie Zucker- und Insulinwerte und erleichtert zugleich das Abspecken. Unterstützend wirkt dabei die ausreichende Zufuhr hochwertiger Eiweißquellen, gesunder Fette, Ballaststoffe und sekundärer Pflanzenstoffe.

Damit bessert sich zugleich der Fettstoffwechsel, überhöhte Harnsäure- und Blutdruckwerte sinken, der Insulinspiegel und die Insulinresistenz nehmen ab, der Langzeitzucker verbessert sich. Der Körper kann wieder Fett verbrennen, die Leber wird entfettet und das besonders ungesunde innere Bauchfett schrumpft. Sekundäre Pflanzenstoffe mit blutzuckersenkender Wirkung (etwa aus Grüntee, Zitrusfrüchten oder Zimt) unterstützen die Behandlung genauso wie das durch die Ernährung verbesserte, vielfältig zusammengesetzte Mikrobiom im Darm. Inzwischen haben mehrere Studien gezeigt, dass eine Remission (Rückbildung) des Typ-2-Diabetes möglich ist! So konnten in der amerikanischen VIRTA-Studie rund 60 % der Patienten mit einer ketogenen Ernährung (max. 30 g KH, mind. 3 Portionen Gemüse oder Salat täglich, ausreichend Eiweiß, restliche Kalorien aus gesunden Fetten) ihren Langzeitzucker normalisieren und ihre Medikakamente absetzen oder stark reduzieren.

Aus der Praxis: Ernährungsumstellung statt Medikamente

Bei Patienten mit metabolischem Syndrom und bei Diabetes Typ 2 war ich anfangs sehr beeindruckt davon, dass sie blutzuckersenkende Medikamente oft schon nach wenigen Tagen reduzieren bzw. absetzen konnten, wenn sie sich ketogen ernährten. Ich war verblüfft, wie schnell das ging, wenn die Insulinresistenz einmal durchbrochen war. Wenn sich die Patienten nach der ketogenen Phase weiterhin kohlenhydratreduziert ernähren, Gewicht abnehmen und sich viel bewegen, gelingt es meist, dass Typ-2-Diabetiker ihre Medikamente auf Dauer weglassen können. Aktuell betreue ich einen Patienten, der jahrelang trotz Dreifach-Kombination von Antidiabetika einen sehr hohen Langzeitblutzuckerwert (HbA1c) zwischen 12 und 16 hatte. Mit einer keto-gesunden Ernährung gelang es nach 3 Monaten schon, stabile Blutzuckerwerte zu erreichen und den HbA1c-Wert auf 6,2 zu senken. Sein Kommentar: „Ich fühle mich jetzt pudelwohl!"

Ketogene Ratio: 1 : 1

Milchshake Indian Style

1 TL frisch geriebene Kurkuma
(ersatzweise 1 Msp. gemahlene Kurkuma)
½ cm frisch geriebener Ingwer
400 ml ungesüßter Mandeldrink
1 TL Matchapulver
1 EL Haferkleie
1–2 TL natives Kokosöl
je 1 Prise Cassia-Zimt, Muskatnuss, Pfeffer

Zubereitung: Kurkuma und Ingwer mit 50 ml Wasser in einem Topf erhitzen und köcheln lassen, bis alles pastenartig eingedickt ist. Mit der Mandelmilch ablöschen, das Matchapulver einrühren und mit Erythrit süßen. Zuletzt Haferkleie, Kokosöl und Gewürze dazugeben. In eine Tasse umfüllen und heiß servieren.

Kurkuma hilft, die Insulinresistenz zu reduzieren. Wer die ketogene Ratio des Shakes erhöhen möchte, kann zusätzlich 1 EL Kokos- oder MCT-Öl dazugeben und alles im Mixer schaumig aufschlagen.

Blutzuckersenkender Tee

2 TL Grünteeblätter
1 l Wasser

Zubereitung: Den Grüntee im Wasser kalt ansetzen und 4 bis 5 Stunden ziehen lassen. Dann die Grünteeblätter abseihen und den Tee in eine Teekanne umfüllen. Mindestens 3-mal täglich eine Tasse zu den Mahlzeiten trinken.

- Der Tee kann im Sommer mit 1 TL Zitronensaft und 1 TL Erythrit kalt genossen oder im Winter mit 1 cm fein geriebenem Ingwer und 1 TL Erythrit leicht erwärmt werden. Er ist ein antioxidantienreiches Getränk für die ganze Familie.
- Das im Grüntee enthaltene EGCG (Epigallocatechingallat) reduziert den Blutzuckeranstieg, insbesondere wenn der Tee während des Essens getrunken wird. Ingwer und Zitrone verstärken den Effekt.

Lebensmittel, die helfen, den Blutzucker stabil zu halten

- Grüntee und Matchapulver reduzieren den Blutzuckeranstieg.
- Cassia-Zimt senkt den Blutzuckerspiegel wirkungsvoll, allerdings darf aufgrund des darin enthaltenen giftigen Cumarins nicht mehr als 1 Prise täglich eingenommen werden.
- Bohnen regulieren schwankende Blutzuckerspiegel.
- Das in der Haferkleie enthaltene Beta-Glucan senkt den Blutzuckerspiegel und hilft auch, den Fettstoffwechsel anzukurbeln.
- Chicorée, Tombinambur, Bohnen, Flohsamen, Haferkleie: Ihre Ballaststoffe helfen gegen schwankende Blutzuckerspiegel und verringern die glykämische Last (siehe Seite 17).
- Essig drosselt die Aufnahme von Kohlenhydraten. Schon 1 bis 2 EL Essig können den Blutzucker um 20 % senken, insbesondere wenn er abends eingenommen wird.
- Knoblauch, Zwiebeln, Mandeln und Zitrusfrüchte sind ebenfalls wirksame Blutzuckersenker.
- Bockshornkleesamen erhöhen die Insulinproduktion.

Dos

- Lachen senkt Studien zufolge den Blutzucker.
- Krafttraining verbessert den Zuckertransport in die Zelle und damit den Blutzuckerlangzeitwert (HbA1c). Auch regelmäßige 30-minütige Spaziergänge senken den Blutzuckerspiegel.
- Basisch essen verbessert die Insulinresistenz bei Übersäuerung und die Funktion der Bauchspeicheldrüse.
- Darmsanierung optimiert die Empfindlichkeit der Zellen auf Insulin (Insulinsensibilität).
- Vitamin-D-Spiegel kontrollieren lassen: Vitamin-D-Mangel kann Diabetes begünstigen.
- Vitamin-C- und -B-Mangel vermeiden: bei Diabetikern sehr häufig, auch durch die Medikamenteneinnahme. Supplementierung schützt vor Gefäßschäden.
- Suchen Sie eine ganzheitliche Beratung auf. Nutzen Sie die besten Strategien aus Schulmedizin und Komplementärmedizin.
- Lassen Sie Ihr Diabetes-Risiko regelmäßig beim Hausarzt kontrollieren. Nützlich ist auch dieser Onlinetest: www.diabetesinfo.de.

Don'ts

- Nicht selbst herumexperimentieren: Die Therapie gehört in ärztliche Hände. Gefährliche Unterzuckerung unbedingt vermeiden.
- Couch-Potato sein: Die verringerte Muskelmasse fördert die Insulinresistenz.
- Hautkrankheiten, Durst oder Müdigkeit können auf Diabetes hindeuten – unbedingt abklären lassen!
- Nicht aufs Gewicht achten: Überschüssige Pfunde abzubauen ist die beste Waffe gegen Diabetes.
- Immer höhere Insulinmengen spritzen oder immer mehr antidiabetische Medikamente einnehmen: Das schadet den Augen, beschleunigt das Altern, führt zu Gefäßschäden und erhöht das Krebsrisiko. Besser: Die Ernährung umstellen.
- Rauchen erhöht ebenfalls das Diabetes-Risiko.

Entschlackungskur für Leber und Co.

Eine zuckerreiche Ernährung lässt die Leber verfetten, führt zu Fehlbesiedelung im Darm und begünstigt damit eine Vielzahl weiterer Krankheiten. Mit einer keto-gesunden Ernährung kann die Leber entfetten und der Stoffwechsel regenerieren.

Volkskrankheit Fettleber: ganz ohne Alkohol

Lange kannte man eine Fettleber nur als Folge von Alkoholmissbrauch. Doch auch ohne einen einzigen Tropfen Alkohol kann eine Fettleber entstehen. Diese nicht alkoholische Fettlebererkrankung (NAFLD, vom englischen Non-Alcoholic Fatty Liver Disease) ist heute eine Volkskrankheit: Schätzungsweise 40 % der Erwachsenen in Deutschland und 10 % der Kinder leiden daran. Betroffen sind nicht nur übergewichtige, sondern auch normalgewichtige Personen, die ebenfalls übermäßig viel Fett im Bauchinneren ansammeln können.

Eine nicht alkoholische Fettleber ist Zeichen eines insgesamt gestörten Stoffwechsels, denn sie basiert auf einer Insulinresistenz. Das bedeutet, das Hormon Insulin wirkt nicht mehr richtig, die Zellen werden ihm gegenüber resistent. Infolgedessen gerät der gesamte Zucker- und Fettstoffwechsel durcheinander. Von dem erheblichen Gesundheitsrisiko, das damit verbunden ist, ahnen die Betroffenen meist nichts. Eine Fettleber kann sich entzünden, vernarben und bis zur Zirrhose verhärten. Dadurch steigt das Risiko für Leberkrebs. Auf der Basis einer Leberverfettung entsteht oft ein Typ-2-Diabetes mit weiteren Folgeschäden.

Aus der Praxis: Leber und Darm kombiniert angehen

Unser Behandlungskonzept beinhaltet neben ketogener Ernährung – idealerweise eingeleitet mit drei bis fünf Fastentagen – eine Leber-Stoffwechselkur beispielsweise mit Mariendistel, Schafgarbe und Löwenzahn. Zur Wiederherstellung der Darmbarrierefunktion und gegen Fehlbesiedelungen im Dünndarm helfen pflanzliche Kombinationstherapien, Probiotika und Zeolith. Brennnessel und Birke entwässern. In ca. 70 % der Fälle sehen wir bereits nach 3 Monaten deutliche Verbesserungen der Laborwerte und einen Rückgang der Leberverfettung und -vergrößerung. Unsere Patienten berichten über deutlich mehr Energie und darüber, weniger müde und erschöpft zu sein. Eine Patientin, bei der ich ein hohes Gamma-GT von 278 U/l gemessen und eine Fettleber festgestellt hatte, kontaktierte mich 2 Monate später: Durch ketogene Ernährung, die Heilpflanzenkur und die Darmsanierung hatte sie über 12 kg abgenommen, ihr Gamma-GT auf fast normale 45 U/l gesenkt und die Fettleber war laut Ultraschall um 70 % verbessert. Sie fühle sich „wie neugeboren" und rücke jetzt hoch motiviert „den nächsten 10 kg an den Leib".

Fetteinlagerungen und Fehlgärungen belasten die Leber

Weil sich keine Symptome zeigen, wird die nicht alkoholische Fettleber selten diagnostiziert und bleibt daher häufig unbehandelt. Selbst eine Entzündung erkennt man nicht unbedingt an den Blutwerten. Hilfreich für eine erste Einschätzung ist der Fettleber-Index, der auf der Basis von Body-Mass-Index, Taillenumfang, den Triglyzeriden und dem Enzym Gamma-GT im Blut errechnet wird. Eine Ultraschalluntersuchung macht die Verfettung der Leber sichtbar. Ist die nicht alkoholische Fettleber einmal festgestellt, ergeht – wenn überhaupt – oft noch der Rat, sich fettarm zu ernähren. Allerdings hat sich das Fett in der Leber nicht durch zu viel Fett auf dem Teller gebildet, sondern meist durch zu viele Kohlenhydrate. Gut zu beobachten ist das an Gänsen: Eine Stopfleber ist nichts anderes als eine nicht alkoholisch verfettete und krankhaft vergrößerte Leber. Und womit mästet man die Tiere? Mit kohlenhydratreichem Maisbrei. Auch für eine „Menschenstopfleber" spielt der übermäßige Konsum von Kohlenhydraten, insbesondere von Fruktose, eine Schlüsselrolle. Ein Übermaß dieses Fruchtzuckers, der nicht nur in Früchten steckt, sondern auch 50 % des normalen Haushaltszuckers und vieler moderner Süßungsmittel ausmacht, wird direkt in der Leber in Fett umgewandelt.

Eine Fruktoseüberlastung kann auch zu einer bakteriellen Fehlbesiedelung des Dünndarms und in einen Gärungsstoffwechsel führen. Zugleich können Fuselalkohole im Darm entstehen. Funktioniert die Darmbarriere nicht mehr richtig („leaky gut"), gelangen diese nicht nur in die Blutbahn, wo sie nichts zu suchen haben, sie müssen zudem von der Leber abgebaut werden und belasten sie zusätzlich.

Fasten und Keto entfetten die Leber

Die „gestopfte" Leber freut sich über Auszeiten, in denen sie überschüssiges Fett rasch abbauen kann: Fasten macht die Leberverfettung am schnellsten rückgängig. Zudem ist es wichtig, die überhöhten Insulinspiegel zu senken. Das bringt den Körper dazu, Fett zur Energiegewinnung zu nutzen und dabei bevorzugt er zunächst das Fett aus der Leber. Genau das erreicht man mit einer keto-gesunden Ernährung. Eine Studie dazu ergab, dass sich mit ketogener Kost der Fettgehalt der Leber um sensationelle 40 % senken ließ – und das sogar ohne Gewichtsreduktion.

Besonders wohltuend für die Leber sind die löslichen Ballaststoffe Inulin und Beta-Glucan, die in einer keto-gesunden Diät bei Fettleber nicht fehlen dürfen. Sie nähren die nützlichen Darmbakterien und beeinflussen die Zusammensetzung der gesamten Darmflora positiv. Inulin steckt zum Beispiel in Chicorée und Topinambur, Beta-Glucan in Austernseitlingen und Haferkleie. Eine leberentfettende Keto-Ernährung sollte kalorisch knapp bemessen sein, genügend Eiweiß enthalten und idealerweise mit einem mindestens zwölfstündigen Nachtfasten kombiniert werden. Sekundäre Pflanzenstoffe aus Gemüse und Heilpflanzen unterstützen den „Stoffwechsel-Wechsel", wirken regenerierend und entzündungshemmend.

Die wichtigste Heilpflanze für die Leber ist die Mariendistel. Ihre Flavonoide wirken regenerierend auf Leberzellschäden. Die Leberzellmembranen werden durch ihr Silymarin stabilisiert, sodass Gifte nicht ins Zellinnere eindringen können. Zugleich verbessert Mariendistel die Entgiftung der Leber, und zwar ohne Nebenwirkungen, sodass sie bedenkenlos über längere Zeit eingenommen werden kann.

Kur mit Frischpflanzensäften

Für die Menge von 1 bis 2 EL Frischsaft braucht man 1 bis 2 Handvoll Frischpflanzenkräuter, z. B. Brennnessel-, Löwenzahn- oder Birkenblätter. Alternativ können Sie fertige Frischpflanzensäfte aus Bioladen, Reformhaus oder Apotheke verwenden. Zum Mischen benötigen Sie 5 bis 10 EL Blutorangensaft oder ungesüßten Mandeldrink.

Zubereitung: Die Kräuter zusammen mit 5 EL Wasser in der Küchenmaschine fein pürieren und mit dem Blutorangensaft oder Mandeldrink verdünnen (der Saft hält sich im Kühlschrank 3 bis 4 Tage). Oder Sie verdünnen 1 bis 2 EL fertigen Frischpflanzensaft.

Für die Saftkur 3-mal täglich ein Glas trinken. Wichtig ist, zusätzlich viel Flüssigkeit zu sich zu nehmen, mindestens 2 l reines Wasser pro Tag. Die Saftkur wird über 6 Wochen durchgeführt: 2 Wochen mit Brennnesselsaft, 2 Wochen mit Löwenzahn- und 2 Wochen mit Birkensaft.

Detox-Tee

20 g Brennnesselkraut
20 g Fenchelsamen
20 g Birkenblätter
20 g Löwenzahlblüten und -kraut
20 g Koriandersamen

Zubereitung: 1 TL der Mischung im Mörser andrücken. Dann mit 1 Tasse kochendem Wasser übergießen und zugedeckt 7 Minuten ziehen lassen. 3-mal täglich eine Tasse trinken.

Diese Teemischung wirkt stoffwechselentgiftend auf Leber, Galle, Darm und Nieren.

Detox -Kräuter und Lebensmittel

- Artischocke, schwarzer Rettich, Cranberrys, Granatapfel, Spargel und Erdbeeren wirken entwässernd, regenerieren Zellschäden und regen die Galle an.
- Detox-Salate, bestehend aus grünen Blattsalaten und Wildkräutern der Saison (wie Giersch, Brennnessel, Löwenzahn, Brunnen-

kresse, Birke), schmecken zugegebenermaßen recht „gesund". Der herbe, teilweise bittere Geschmack der Wildkräuter kann durch die Zugabe von 1 Prise Erythrit und 1 Handvoll Himbeeren oder Erdbeeren abgemildert werden.

- Löwenzahnblätter schmecken im Frühjahr weniger bitter, wenn ab Februar Blumentöpfe über die Rosetten gestülpt werden. Dann erhalten Sie im März zarte und gebleichte grüne Kraft als Wildkräuterzugabe für Ihre Salate.
- Bärlauchkuren können mit allen Pflanzenbestandteilen gemacht werden: klassisch die Blätter als Pesto, die Blüten klein geschnitten in Bärlauchbutter oder auch auf Vorrat die Knospen eingelegt in Essig oder Öl. Aufpassen: Bärlauch nicht mit den giftigen Maiglöckchen verwechseln!
- Mariendistelsamen regenerieren Leberzellschäden nachweislich. Dazu werden 2–3 TL täglich angemörsert und z. B. über Salate, Müsli oder Suppen gegeben. Diese Kur kann langfristig durchgeführt werden, weil sie keinerlei Nebenwirkungen hat. Alternativ können ca. 6 Wochen lang Mariendistelpräparate eingenommen werden.
- Kurkuma als Gewürz oder Präparat wirkt entgiftend über die Anregung der Galle.

Dos

- Jährliche Frühjahrskuren: Teekräuter, Frischpflanzensäfte und Wildkräuter sind wohltuend und stoffwechselentlastend.
- Fastenkuren bringen oft erstaunlich schnelle Erfolge bei Fettleber.
- Schafgarbenwickel helfen bei Völlegefühl im Oberbauch. Dafür 5 EL Schafgarbenkraut mit 1 l heißem Wasser übergießen, 10 Minuten ziehen lassen und dann abseihen. In diesen Sud wird ein Baumwolltuch getränkt und so heiß wie möglich ausgewrungen, danach auf den Oberbauch gelegt und mit einer vorbereiteten Wärmflasche bedeckt. Mit einer Wolldecke umwickeln und dann 30 Minuten genüsslich ruhen.
- Regelmäßige sportliche Aktivität wirkt allgemein entgiftend.
- Sauna mit kneippschen Anwendungen sowie Trockenbürsten sind sehr zu empfehlen.
- Wasser trinken: Damit die Stoffwechselreinigung gelingt, mindestens 2 l reines Wasser dazu trinken, am besten lauwarm.

Don'ts

- „Genuss"-Gifte belasten die Leber und den Stoffwechsel. Darum zur Entgiftung: 0 Alkohol, 0 Nikotin, 0 Drogen.
- Medikamente sind häufig lebertoxisch. Daher auf leberschädigende Wirkung überprüfen, Überdosierungen meiden und mögliche Wechselwirkungen mit anderen Medikamenten abklären lassen.
- Umweltgifte soweit wie möglich vermeiden.
- Eine Fettleber ignorieren: Das darf nicht sein, da Leberzirrhose oder Leberkrebs daraus entstehen können.
- Übergewichtig bleiben: Die gute Nachricht – bereits eine 10-prozentige Gewichtsabnahme führt meist zum Verschwinden der Fettleber.

Festmahl für die Mitbewohner

Unsere Darmflora hat einen großen Einfluss auf Gesundheit und Wohlbefinden. Eine ballaststoffreiche Keto-Kost lässt gesundheitsfördernde Bakterien wachsen und gedeihen.

Unsere innere Wohngemeinschaft

Wir sind nie allein: Auf und in unserem Körper leben etwa zehnmal so viele Kleinstlebewesen (Mikroben), wie unser Körper Zellen hat. Im Idealfall ist dieses Mikrobiom vielfältig zusammengesetzt und unterstützt mit seinen Aktivitäten unsere Gesundheit. Viele traditionelle Heilweisen waren sich der großen Bedeutung des Darms (und damit implizit auch seiner Mitbewohner) für die Gesundheit des gesamten Organismus bewusst. Hippokrates soll schon ca. 400 v. Chr. gesagt haben: „Der gesunde Darm ist die Wurzel aller Gesundheit" und „Der Darm ist der Vater aller Trübsal". Die moderne Medizin hat diese Zusammenhänge lange ignoriert, oft gar belächelt. Dank moderner Analysemethoden kann man jedoch seit einigen Jahren die rund 30 Billionen Bakterien, die unseren Darm besiedeln, intensiver erforschen. Dabei wird immer deutlicher, wie sehr dieses „vergessene Organ" unsere körperliche und seelische Gesundheit bestimmt. Tatsächlich wissen wir heute, dass der Darm und das Mikrobiom mit dem Gehirn kommunizieren: über den Vagusnerv sowie über chemische Signale, die im Darm produziert und in den Blutkreislauf abgegeben werden. Ungünstige Veränderungen des Mikrobioms stehen unter anderem mit Darmentzündungen, Darmkrebs, starkem Übergewicht, metabolischem Syndrom, Fettleber, Diabetes, Autoimmunkrankheiten, Bluthochdruck, psychischen (Ängste, Depressionen, Autismus) und neurologischen Krankheiten (MS, Demenz) in Verbindung.

Probleme mit dem Darm (Reizdarm, Divertikel, Nahrungsmittelintoleranzen) sind heute weitverbreitet und äußern sich oft durch unspezifische Beschwerden wie Bauchschmerzen, Blähungen, Durchfall oder Verstopfung. Allein an den schmerzhaften chronisch-entzündlichen Darmerkrankungen wie Morbus Crohn und Colitis ulcerosa leiden in Deutschland etwa 450 000 Menschen.

Sanieren statt planieren

Chronisch-entzündliche Darmerkrankungen wie auch die funktionellen Störungen gelten vielfach als unheilbar. Da die Ursachen ungeklärt sind, begrenzt sich die Behandlung oft auf die Linderung der Symptome mit Kortison und Entzündungshemmern. Auf die Gesunderhaltung des Mikrobioms wurde dagegen bisher in der klassischen Schulmedizin wenig Augenmerk gelegt. Rauchen und viele Medikamente (wie Ibuprofen, Pantozol und Antibiotika) schädigen die Darmschleimhaut und dezimieren die Darmflora erheblich. Auch Hormone wie die Antibabypille sind schädlich für das Mikrobiom, ebenso Seifen, Zahnpasten, Deos und andere Produkte, die antibakterielle Wirkstoffe enthalten; außerdem Lebensmittelzusatzstoffe wie Emulgatoren, Aroma- und Farbstoffe sowie Pestizide wie Glyphosat und Weichmacher wie Bisphenol A.

Keto-gesundes Menü fürs Mikrobiom

Darmbakterien helfen uns, die Nahrung zu verwerten, und sie stellen die Vitamine B_1, B_2, B_6, B_{12} und K her. Aus für uns unverdaulichen

Ballaststoffen bilden sie kurzkettige Fettsäuren, die unsere Darmschleimhautzellen nähren und schützen, das Säure-Basen-Gleichgewicht im Darm regulieren, die Darmbewegungen (Peristaltik) fördern und antientzündlich wirken. Ein gesundes und vielfältiges Darmmikrobiom trägt zur Entgiftung von Fremdstoffen bei, es unterstützt die Immunabwehr und verdrängt Krankheitserreger von der Darmwand.

In der darmgesunden Keto-Küche spielen die kohlenhydratarmen, bitterstoffreichen, ballaststoffreichen und die fermentierten Lebensmittel eine besonders große Rolle: milchsauer vergorene Gemüse wie Sauerkraut oder Kimchi (die koreanische Variante), aber auch Gärgetränke wie Kombucha sowie Joghurt, Kefir oder Dickmilch. Sie enthalten selbst lebende Bakterien (Probiotika) und erhöhen die Artenvielfalt im Darm. Ihre Ballaststoffe dienen als Präbiotika, das heißt, sie dienen nützlichen Darmbakterien als Nahrung.

Der weitgehende Verzicht auf Getreide im Rahmen einer ketogenen Ernährung tut Menschen mit chronisch-entzündlichen Darmerkrankungen ebenfalls gut. Denn damit entfällt das Gluten, ein Eiweiß, das in Weizen, Roggen und Gerste steckt und das die Darmbarriere durchlässig machen kann. Dann gelangen allergene oder entzündungsfördernde Stoffe ins Blut und damit in den ganzen Körper; man spricht hier vom „Leaky-Gut-Syndrom" (Syndrom des durchlässigen Darms).

Eine klug zusammengestellte, keto-gesunde Ernährung liefert neben gesunden Fetten reichlich Ballaststoffe, z. B. durch Beeren, Nüsse, Lauch, Kohl, Topinambur, Spinat, Avocado, Rucola, Zwiebeln, Chicorée, Fenchel, Paprika. Daraus bilden die Darmbewohner kurzkettige Fettsäuren wie Butyrat, Acetat und Propionat, die über viele gesundheitsfördernde Wirkungen verfügen. Butyrat ist eng mit dem Keton Beta-Hydroxybutyrat (siehe Seite 11) verwandt und wirkt wie dieses entzündungshemmend und das Immunsystem regulierend. Zudem schützt und regeneriert es die Darmschleimhaut.

Aus der Praxis: Keto und bitter für den Darm

Darm gesund – Mensch gesund! Jeder 5. Erwachsene leidet inzwischen unter Reizdarmbeschwerden. Je natürlicher und „artgerechter" die aufgenommene Nahrung, desto größer ist die Vielfalt der Bakterien des Mikrobioms, je stärker verarbeitet und belastet, desto schädlicher für unsere (Darm-)Gesundheit. Eine speziell auf den Darm ausgerichtete ketogene Ernährung mit Lebensmitteln, die nicht mehr als nötig verarbeitet wurden, mit hohem Ballaststoff-, Bitterstoff- und Probiotikagehalt sorgt für einen schützenden Bakterienfilm auf der Schleimhaut, der die Nahrungsmittel verträglicher macht, die Schleimhautzellen ernährt, vor Krebs schützt und antientzündlich und verdauungsfördernd wirkt. So gelingt es den meisten unserer Patienten, durch Ernährungsumstellung und Darmsanierung ihre Beschwerden stark zu reduzieren, Medikamente abzusetzen und viele Lebensmittel wieder genießen zu können, die vorher unverträglich waren.

Darmgesunder Smoothie

½ Fenchelknolle
½ Apfel
1 Stange Staudensellerie
1 Handvoll Pfefferminze
100 g Joghurt
1–2 TL Flohsamen
1–2 TL Leinsamen
1 EL Haferkleie

Zubereitung: Alle Zutaten in einem Hochleistungsmixer mit 300 ml Wasser fein pürieren. Den Smoothie 1-mal täglich genießen und unbedingt 2 Gläser Flüssigkeit nachtrinken.

Dieser Smoothie hat eine stuhlregulierende Wirkung mit Langzeiteffekt. Der Erfolg setzt nach 2 bis 4 Wochen ein. Das Apfelpektin und der Fenchel binden Giftstoffe im Darm, die ätherischen Öle wirken verdauungsfördernd und entkrampfend. Er enthält viele Ballaststoffe, die im Darm quellen. Daher sollte er nach der Zubereitung sofort getrunken werden.

Teemischung „Gesunder Darm“

30 g Schafgarbenkraut
30 g Pfefferminzblätter
40 g gemorserte Fenchelfrüchte
50 g Tausendgüldenkraut
50 g Koriandersamen

Zubereitung: Pro Tasse 1 TL der Mischung mit heißem Wasser übergießen und zugedeckt 10 Minuten ziehen lassen. Abseihen.

Der Tee hat eine stuhlregulierende und entkrampfende Wirkung. Täglich 3 Tassen trinken.

Darmgesunde Lebensmittel

- Ballaststoffe (Präbiotika) sind Nahrung und Dünger für die Darmflora. Sie sorgen für regelmäßigen Stuhlgang, binden Giftstoffe und helfen, sie auszuscheiden. Gute Ballaststoffquellen für die Keto-Küche sind vor allem Nüsse, Äpfel, Artischocken, Avocados, Chicorée, Topinambur, Kohl, Fenchel, Beeren und Zwiebeln.

- Wasserlösliche Ballaststoffquellen sind zudem Lein- und Flohsamen. Sie quellen im Darm auf, wirken entzündungshemmend, reizmildernd und schleimhautschützend. Sie helfen sowohl gegen Durchfall (1–2 EL in 100 ml Flüssigkeit) als auch bei Verstopfung (1–2 EL in 400 ml Flüssigkeit).
- Probiotika machen das Mikrobiom vielfältiger und stabilisieren so das Immunsystem. Fermentiertes (nicht wärmebehandelter Joghurt, rohes, unpasteurisiertes Sauerkraut, Kefir, Kimchi, Miso) liefert viele nützliche Milchsäurebakterien.
- Bitterstoffe (Enzian, Wermut, Schafgarbe) und Ingwer locken die Verdauungssäfte und aktivieren die Darmperistaltik.
- Kümmel, Fenchel, Anis, Dill, Kurkuma, Koriander, Minze, Zimt, Ingwer, Rosmarin, Oregano wirken blähungswidrig, krampflösend und antimikrobiell. Kapuzinerkresse hemmt das Bakterien-, Viren- und Pilzwachstum.
- Zwiebel- und Senfgewächse verringern Fäulnisvorgänge im Darm.
- Bei Reizdarm wenigstens vorübergehend keto-geeignete FODMAP-arme Lebensmittel essen (siehe Seite 183).

Dos

- Kauen! Bei Verdauungsstörungen fragen Sie sich, was Sie an Schwerverdaulichem belastet und wie Sie Abhilfe schaffen könnten.
- Trinken Sie ausreichend Flüssigkeit.
- Beobachten Sie sich und schreiben Sie Ihre Beobachtungen in einem Ernährungstagebuch auf. Wenn Sie eindeutige Zusammenhänge entdecken, lassen Sie Nahrungsmittelintoleranzen abklären. Oft hilft es auch schon, glutenhaltige Nahrungsmittel zu reduzieren oder Kuhmilch wegzulassen.
- Sorgen Sie für ausreichend Bewegung und Entspannung.
- Präparate mit Kurkuma, Myrrhe, Weihrauch und Minzöl helfen bei entzündlichen Darmerkrankungen.
- Darmgesunde Ernährung und regelmäßige Darmsanierungen mit mikrobiologischen Präparaten helfen bei Nahrungsmittelintoleranzen, Reizdarm und entzündlichen Darmerkrankungen. Nach Antibiotikaeinnahme zum Aufbau der Darmflora eine Darmsanierung durchführen.

Don'ts

- Zuckerreiche Lebensmittel begünstigen Gärungsprozesse im Darm, was zu Blähungen und Reizdarmproblemen führen kann. Deshalb sollten Sie sie besonders abends meiden.
- Beschränken Sie die Einnahme von Antibiotika auf das allernotwendigste Mindestmaß. Setzen Sie begleitend pro- und präbiotische Präparate ein und führen diese Behandlung mindestens 4 Wochen lang durch.
- Reduzieren Sie Stressbelastungen. Die vegetativen Nervenfasern im Darm registrieren Stress als eine Art Schmerz. Die Bewegung der Darmmuskulatur (Peristaltik) verändert sich dadurch, was zu Verstopfung, Blähungen und Bauchschmerzen führen kann.
- Wenn Sie Verdauungsprobleme haben, vermeiden Sie abends schwer verdauliche Speisen wie Salate, Obst oder rohes Gemüse. Genießen Sie stattdessen warme Suppen, insbesondere im Winter.
- Steigern Sie Ihre Ballaststoffaufnahme langsam, sonst kann es leicht zu Völlegefühl und Blähungen kommen.

Kopfgesunde Keto-Küche

Ob Demenz, Epilepsie oder Migräne – eine ketogene Ernährung kann die Therapie vieler neurologischer Erkrankungen enorm unterstützen. Auch bei psychischen Problemen und Depressionen ist sie hilfreich.

Neurologische und psychische Erkrankungen sind weitverbreitet und ihre Häufigkeit nimmt zu. Das betrifft nicht nur die Demenzen, sondern auch Depressionen. Am häufigsten ist jedoch die Migräne: Fast sechs Millionen Menschen, darunter auch zunehmend Kinder, leiden hierzulande an den anfallartigen heftigen Kopfschmerzen, oftmals begleitet von Übelkeit, Licht- und Lärmempfindlichkeit.

Auch Ernährung gehört aufs Rezept

So unterschiedlich die Erkrankungen sind, sie basieren alle auf einem gestörten Zellstoffwechsel, viele Patienten sind zudem insulinresistent (siehe Seite 144). Die übliche medikamentöse Therapie greift jedoch nicht an diesen Ursachen an, sondern lindert nur mehr oder weniger gut die Symptome. Zudem kann sie starke Nebenwirkungen auslösen. Gegen Alzheimer gibt es trotz Milliardenausgaben für die Forschung bis heute keine heilende Arznei. In der Behandlung von Depressionen wird die Zufuhr von Nährstoffen (Aminosäuren, Vitamine, Mineralstoffe) für die Bildung wichtiger Botenstoffe im Gehirn oft überhaupt nicht bedacht. Die Ernährung verdient daher viel mehr Beachtung, zumal es bei Demenzen, Migräne und Depressionen Überschneidungen mit anderen Erkrankungen gibt, die sich durch eine keto-gesunde Küche sehr gut behandeln lassen (metabolisches

Aus der Praxis: Hoffnung auch für Alzheimer-Patienten

Bei neurologischen Erkrankungen stellt die ketogene Ernährung einen Grundbaustein unserer Therapie dar. Besondere Erfahrungen haben wir mit Alzheimer-Patienten. Mit ihnen und ihren Angehörigen führen wir seit 2 Jahren Intensivgruppen durch, angelehnt an das ReCODE-Programm zur Prävention und Therapie von Alzheimer im Frühstadium von Prof. Dale Bredesen, Neurowissenschaftler und Neurologe an der Universität in Los Angeles (UCLA). Dabei lernen unsere Patienten, ihren Lebensstil zu ändern, ketogen zu kochen, Nährstoffmängel auszugleichen und den Umgang mit dieser enormen psychosozialen Belastung zu verbessern. Wir dokumentieren den Verlauf und unsere Ergebnisse. Nach derzeitigem Stand lässt sich schlussfolgern, dass es bei konsequenter Umsetzung tatsächlich gelingen kann, Alzheimer im Frühstadium aufzuhalten, die Symptome zu lindern und den Ausbruch der Erkrankung zu verhindern. Das Konzept ist also recht vielversprechend. Dennoch sind weitere Forschungen, auch in anderen Zentren, dringend nötig, um es weiter zu optimieren.

Syndrom, Typ-2-Diabetes). Zuckerkranke haben ein doppelt so hohes Risiko, an Alzheimer zu erkranken als andere; ihr Risiko für Parkinson ist ebenfalls größer.

Das Nervenkostüm liebt Ketone

Eine streng ketogene Diät wurde in den 1920er-Jahren eigens zur Behandlung von Kindern mit Epilepsien entwickelt. Seither weiß man, dass Ketonkörper das Gehirn ausgezeichnet mit Energie versorgen und zugleich auch schützen können. Die ketogene Diät wird von den medizinischen Leitlinien als wirksame Behandlungsmethode empfohlen. Bei Multipler Sklerose (siehe auch Seite 172), die ebenfalls zu neurologischen Störungen führt, ergaben erste Studien mit ketogener Ernährung, dass die Häufigkeit der Krankheitsschübe sinkt.

Menschen mit Parkinson, Migräne, Demenz, nach Schlaganfällen oder traumatischen Hirnschädigungen können ebenfalls von einer ketogenen Ernährung profitieren. Auch hier ist die Energieversorgung des Gehirns beeinträchtigt, weil die Zuckerverwertung nicht mehr richtig funktioniert. Dazu kommen oft noch Entzündungsvorgänge und oxidativer Stress. Zu den möglichen Folgen zählen Übererregbarkeit (Epilepsie, Migräne), unerwünschte Ablagerungen (Amyloid-Plaques bei Alzheimer) oder ein Nachlassen der Hirnfunktionen (Demenz, Parkinson). Da Ketone auch dann ins Gehirn gelangen und verwertet werden, wenn die Nutzung von Glukose gestört ist, bietet sich eine ketogene Ernährung als wichtige therapeutische Maßnahme bei allen diesen Erkrankungen an. Ketone liefern den betroffenen Zellen Energie und schützen sie vor oxidativem Stress. Sie fördern die Reparatur sowie die Neubildung von Nervenzellen und deren „Kraftwerken“, den Mitochondrien. Sie wirken schlaffördernd und verbessern die Reizleitung. Die vielen sekundären Pflanzenstoffe in einer keto-gesunden Ernährung unterstützen die Ketone bei dieser Arbeit wirkungsvoll: Sie verringern den Abbau wichtiger Botenstoffe (Neurotransmitter) im Gehirn, fördern den Abbau der unerwünschten Amyloid-Ablagerungen, helfen dabei, beschädigte Mitochondrien zu reparieren, und halten freie Radikale in Schach.

Bei depressiven Zuständen und bei Migräne leiden die Patienten besonders, wenn die Blutzuckerspiegel stark schwanken. Nicht selten kommt eine Mangelversorgung mit wichtigen Nährstoffen hinzu. Eine keto-gesunde Ernährung verringert Entzündungen, liefert wichtige Nährstoffe für die Bildung von „Glückshormonen“, stärkt die Stressresistenz und sorgt für eine ausgeglichene Energieversorgung im Oberstübchen. Daher schwören auch viele Gesunde auf Keto-Phasen, denn sie bringen eine gesteigerte Leistungsfähigkeit und Klarheit im Kopf.

Strengere Varianten nötig

Für neurologische Erkrankungen empfehlen wir die Gerichte mit einer ketogenen Ratio von 3 : 1. Zudem ist die Auswahl der Fette hier von besonderer Bedeutung: Um die Ketonbildung zu fördern, sollte regelmäßig natives Kokosöl (siehe Seite 19) in die Speisen integriert werden. Auch MCT-Öl (siehe Seite 20) ist hilfreich, es wirkt als regelrechter Keto-Booster, indem es die Ketonwerte schnell erhöht. Ein hoher Anteil von Omega-3-Fettsäuren wirkt nicht nur antientzündlich, diese Fettsäuren sind zudem wichtige Bausteine für die Zellmembranen unseres Nervensystems. So tragen sie zur Reparatur defekter Membranen bei und verbessern die Signalübertragung.

Nervenstärkender Kakao
2 TL Kakaopulver
1 TL Erythrit
200 ml ungesüßter Mandeldrink
1 EL Kokosöl oder MCT-Öl

Zubereitung: Kakao, Erythrit und Mandeldrink in einem Topf bei schwacher Hitze erwärmen. Das Öl hinzufügen und alles mit dem Stabmixer aufschäumen. Danach in eine Tasse füllen und mit geriebener Bitterschokolade, Nelkenpulver, Kardamom, Zimt oder gerösteten Sesamsamen bestreuen.

Der Kakao ist mit dem zugesetzten Kokosöl oder MCT-Öl ein echter Keto-Booster. Er enthält jede Menge nervenstärkender B-Vitamine und die Aminosäure Tryptophan, die eine Schlüsselrolle fürs Wohlbefinden im Neurotransmitterkonzert einnimmt.

Teemischung „Konzentration"
20 g Johanniskraut
20 g Melissenkraut
20 g Rosmarinkraut
20 g Salbeikraut
20 g griechischer Bergtee (Sideritis)

Zubereitung: Pro Tasse 1 TL der Mischung mit heißem Wasser übergießen und zugedeckt 10 Minuten ziehen lassen. 3-mal täglich eine Tasse genießen.

Die Teemischung unterstützt die Gehirnfunktion und wirkt stimmungsaufhellend.

Nervennahrung und Gehirnschmalz

- Antioxidantien (vor allem in Blau- und Schwarzen Johannisbeeren, grünem Blattgemüse und grünem Tee) können die Blut-Hirn-Schranke passieren und im Gehirn freie Radikale „entschärfen".
- 2 bis 4 Tassen Kaffee pro Tag bieten einen gewissen Schutz vor Parkinson und Demenz.

- Omega-3-Fettsäuren (insbesondere in fettem Seefisch enthalten) verbessern die kognitiven Fähigkeiten und hemmen die Schubfrequenz bei MS. Sie dienen als Membranbausteine, Signalüberträger und Energiequelle. Wie Meta-Analysen (zusammenfassende Auswertungen mehrerer Studien), zahlreiche Reviews und placebokontrollierte, randomisierte klinische Studien zeigen, senken sie das Risiko für Demenz.
- Gingko scheint die Progression von Demenz zu verzögern.
- Johanniskraut fördert die Nervenzellneubildung im Gehirn, wirkt stimmungsaufhellend bei Depressionen und Winterblues.
- Kurkuma kann Symptome von Schizophrenie lindern und verbessert die Gedächtnisfunktion im Frühstadium von Demenz, wie randomisierte klinische Studien und Meta-Analysen zeigen.
- Rosmarin, Minze, Salbei und Basilikum verhindern den Abbau von Acetylcholin, das im Gehirn als Botenstoff (Neurotransmitter) der Nervenübertragung dient.
- Die Aminosäure (Eiweißbaustein) Tryptophan spielt eine Schlüsselrolle für das emotionale Wohlbefinden und den Schlaf. Tryptophanreiche Lebensmittel sind neben Fleisch, Fisch, Eiern und Nüssen auch z. B. Grünkohl und Walnüsse.

Dos

- Aktiv werden: Körperliche Bewegung verbessert nachweislich die Stimmung bei Depressionen, reduziert Angst und regt die Bildung des Nervenwachstumsfaktors BDNF an. Beobachtungsstudien fanden ein um 30 % vermindertes Risiko für Parkinson und sogar ein um 47 % geringeres Risiko für leichte kognitive Defizite, wenn man sich regelmäßig bewegt.
- Vitalstoffmangel ausgleichen: Magnesium kann beispielsweise zur Verbesserung bei Depression beitragen und den Schlaf fördern. B-Vitamine wirken nervenstärkend und verbessern so die Stresstoleranz.
- Vitamin D und Lichttherapie vertreiben den Winterblues und verbessern die kognitive Funktion.
- Psychisches Gleichgewicht verbessern: durch regelmäßiges autogenes Training, Yoga oder Meditation.

Don'ts

- Glutenreiche Kost kann die kognitive Funktion beeinträchtigen und psychische Beschwerden fördern (bei Glutenintoleranz).
- Cholesterinsenker können unter anderem zu kognitiven Störungen führen. Besser wäre es also, die Ernährung zu ändern, statt Medikamente mit derartigen Nebenwirkungen einzunehmen.
- Chemische Schadstoffe wie etwa Schwermetalle, PCB und Pestizide wirken neurotoxisch. Umweltschadstoffe daher weitestgehend meiden und – wenn irgend möglich – Bio-Qualität bevorzugen.
- Das scharfe Anbraten von Fleisch sowie stark verarbeitete industrielle Nahrung fördern die Bildung von AGEs (verzuckerte Eiweiße), welche zu oxidativem Stress und Entzündungen im Nervensystem (Neuroinflammation) führen. AGEs beschleunigen die Zellalterung, sie werden daher als „Gerontotoxine" bezeichnet.

Schönheit kommt von innen

Schöne Haut ist ein Zeichen für einen gesunden Stoffwechsel. Zucker tut dem Teint nicht gut, denn er fördert Entzündungen und schädigt den Zellstoffwechsel. Eine keto-gesunde Ernährung kann viele Hautprobleme lindern und vorzeitiger Faltenbildung vorbeugen.

Rötungen, Pusteln und Dellen

Unsere Haut ist vielerlei Angriffen ausgesetzt, beispielsweise durch Umweltgiftstoffe von außen und durch oxidativen Stress und chronische Entzündungen von innen. Und so haben mehr als 80 % aller Menschen zumindest zeitweilig unter Problemen mit ihrer Haut zu leiden, von Akne über Psoriasis (Schuppenflechte), Ekzeme und Neurodermitis bis hin zu Lipödemen (Fettverteilungsstörungen mit erhöhter Anzahl krankhaft veränderter Fettzellen) und Lymphödemen (Flüssigkeitsansammlungen zwischen den Zellen). Sie alle werden durch eine zuckerreiche, ballast- und nährstoffarme Ernährung gefördert, die zu oxidativem Stress und entzündlichen Prozessen führt. In Gesellschaften, die sich traditionell und zuckerarm ernähren, sind solche Hautprobleme selten.
Eine zucker- und stärkereiche, ballaststoffarme Ernährung führt einerseits zu einem Anstieg des Insulins. Parallel dazu kann auch der Insulin-ähnliche Wachstumsfaktor IGF-1 ansteigen, der einen Überschuss des Hormons Testosteron hervorrufen und die Talgdrüsen dazu anregen kann, vermehrt Talg zu produzieren. So entsteht der Nährboden für aknefördernde Bakterien.
Viele Hauterkrankungen basieren auf einer fehlerhaften Aktivierung des Immunsystems oder auf „überfüllten" Fettzellen, die ebenfalls zu chronischen Entzündungen führen. Befeuert werden auch sie durch eine zuckerreiche Kost, die das Entzündungsgeschehen unterhält. Da sich die Haut bei vielen dieser Erkrankungen übermäßig schuppt, verliert der Körper mit den Hautzellen auch mehr Vitamine, Mineralstoffe und andere Nährstoffe, was die Gesundheit und die Lebensqualität langfristig zusätzlich beeinträchtigt.

Medikamente haben Nebenwirkungen

Neben äußeren Anwendungen in Form antiinfektiöser oder kortisonhaltiger Cremes und Gele verordnen Hautärzte häufig Antibiotika. Sie sollen helfen, die Bakterien abzutöten, die für die Entzündungen der Haut verantwortlich sind. Doch diese Mittel haben langfristig Nebenwirkungen, sogar solche, die die Haut weiter in Mitleidenschaft ziehen. So können Antibiotika nicht nur die Darmflora schädigen, sondern auch die „Kraftwerke" (Mitochondrien) der Hautzellen. Kortison macht langfristig die Haut dünner, dämpft das Immunsystem und kann den Zuckerstoffwechsel weiter beeinträchtigen.

Schönheit kann man essen

Da Hauterkrankungen zu Nährstoffverlusten führen und auf der Basis eines gestörten Zuckerstoffwechsels und eines Ungleichgewichts im Darm gedeihen, kommt der Ernährung eine wichtige Rolle zu: Dies wurde bereits früh erkannt. So lehrten Dermatologen bis in die 1930er-Jahre, dass zuckerreiche Ernährung Akne und andere entzündliche Hauterkrankungen verschlimmert. Dieses Wissen geriet aber wieder in Vergessenheit. Mittlerweile ist jedoch klar, dass sich die Nährstoffversorgung auch auf das Hautbild auswirkt. Mehrere Studien wiesen nach, dass sich Hauterkrankungen durch eine Ernährung mit einem niedrigen glykämischen Index bzw. niedriger glykämischer Last lindern lassen. Entzündungsfördernde Boten- und Signalstoffe werden gehemmt, oxidativer Stress, der Zellschäden verursacht, wird reduziert. Umgekehrt führt eine Ernährung, die häufige Blutzuckerspitzen verursacht, zu verstärkten Hautunreinheiten und entzündlichen Schüben. Auch Candidapilze vermehren sich in diesem Milieu gerne und gut. Verschlimmernd können neben Zucker und anderen raffinierten Kohlenhydraten auch Milch bzw. die darin enthaltenen Molkenproteine, tierische Produkte mangelhafter Qualität sowie arachidonsäurereiches Schweinefett (vor allem in Schmalz und Wurst) wirken. Dieser Fettbaustein wird im Körper in entzündungsfördernde Signalstoffe umgewandelt.

Darum ist Keto gut für die Haut

Eine ketogene Ernährung punktet auch hier auf mehreren Wegen: Indem sie den Blutzucker wie den Insulinspiegel niedrig hält, wirkt sie einem Überschuss an Wachstumsfaktoren entgegen. Ketonkörper sind in der Lage, die Mitochondrien zu reparieren. Zugleich wirken sie schon auf Zellebene antientzündlich und antioxidativ. Da in der gesunden Keto-Küche viel ballaststoffreiches Gemüse und Salate auf den Tisch kommen, die reichlich sekundäre Pflanzenstoffe enthalten, fördert sie das Wachstum nützlicher Bakterien im Darm und greift damit auch regulierend in das Immunsystem ein. Dies umso mehr, wenn dazu noch fermentierte Lebensmittel und Bitterstoffe hinzukommen. Unterstützend wirken zum Bespiel die sekundären Pflanzenstoffe aus Sanddorn und Ackerstiefmütterchen.

Aus der Praxis: sichtbare Erfolge bei Zuckerverzicht

Selbst Fälle von schwerer Neurodermitis, Schuppenflechte, Nesselsucht oder Ekzemen verbessern sich oft unter einer kohlenhydrat- und insbesondere zuckerreduzierten Ernährung. Medikamente können dadurch reduziert oder auch nach und nach abgesetzt werden. Umgekehrt konnten wir oft beobachten, wie Zucker entzündliche Prozesse regelrecht anfeuert. Unsere Lipödem- und Lymphödem-Patienten berichten, dass das „Wurstpellegefühl" verschwindet, wenn die Spannung in der Haut nachlässt und das Gewebe weicher wird. Sie empfinden eine enorme Erleichterung darüber, nicht mehr so aufgeschwemmt zu sein und an Umfang abzunehmen.
Auch bei Jugendlichen mit Akne wenden wir eine Kombination aus ketogener Ernährung und Mikrobiomtherapie an. Wir haben gute Erfahrungen damit gemacht, die Patienten auf eine Low-Carb-Ernährung mit möglichst wenig verarbeiteten Bio-Produkten umzustellen, die sie im Wechsel mit drei- bis vierwöchigen ketogenen Phasen einhalten. Sie lernen von unseren Ernährungsberaterinnen, wie eine hautgesunde Ernährung alltagstauglich auch außer Haus funktioniert, und führen begleitend Darmsanierungen und gegebenenfalls Stoffwechselkuren durch.

Hautgesunder Smoothie

½ Avocado
1 Möhre
10 Walnusskerne
100 ml ungesüßter Mandeldrink
100 ml ungesüßter Sanddornsaft

Zubereitung: Alle Zutaten in einem Hochleistungsmixer fein pürieren. Den Smoothie nach Belieben mit 10–100 ml Wasser verdünnen und je nach Vorliebe mit 1 TL Erythrit süßen.

Dieser Smoothie enthält viel Vitamin A, E und Betacarotin – also entzündungshemmende Antioxidantien. Er wirkt regenerierend auf die Haut, reduziert die Faltenbildung (wissenschaftlich nachgewiesen für grüne und gelbe Gemüse) und ist ein optimaler Zellschutz. Die Walnüsse sind wertvolle Zink- und Omega-3-Fettsäure-Quellen und enthalten außerdem Pantothensäure zur Entzündungshemmung. Sanddorn wirkt ebenfalls entzündungshemmend, dazu reizmildernd, antiinfektiös und zellschützend.

Hautreinigungstee

20 g Gänseblümchen
20 g Brennnesselkraut
20 g Zistrosenkraut
20 g Stiefmütterchenkraut
20 g Melissenkraut

Zubereitung: Pro Tasse 1 TL der Mischung mit heißem Wasser übergießen, 10 Minuten zugedeckt ziehen lassen und abseihen. 3-mal täglich eine Tasse genießen.

Die Teemischung wirkt stoffelwechselanregend, entzündungshemmend, entgiftend, juckreizmindernd und kortisonähnlich (ohne die Nebenwirkungen von Kortison zu haben). Die Teekur sollte 6 Wochen lang angewendet werden. Man kann den Tee auch äußerlich anwenden, um empfindliche und gereizte Hautstellen zu beruhigen. Dafür die Haut mit einem Wattebausch betupfen, den man zuvor in den abgekühlten Tee getunkt hat.

Schönheit kann man essen

- Vitamin E wirkt antioxidativ, hilft, Feuchtigkeit zu speichern, repariert Hautschäden und hält die Haut jung. Enthalten in Nussölen, Nüssen, Avocado und grünem Gemüse.
- Vitamin A (z. B. aus Leber und Ei) hilft gegen unreine Haut und macht sie elastisch. Paprika, Möhren, Tomaten enthalten besonders viele Carotinoide, die Vorstufe von Vitamin A.
- Vitamin B_7 (Biotin) beruhigt entzündete Haut und kräftigt die Haare. Gute Biotin-Lieferanten sind Nüsse.
- Mineralstoffe (in Nüssen, Saaten und grünem Gemüse) regulieren den Zellstoffwechsel und den Fettsäurehaushalt der Haut.
- Antientzündliche Omega-3-Fettsäuren dienen als Hautschutz. Sie kommen vor allem in fettem Seefisch, Hanf, Walnüssen und Leinöl vor.
- Kollagen macht die Haut elastisch und das Bindegewebe straff. Besonders viel davon enthalten Eier.
- Antioxidantien bieten Zellschutz für die Haut. Sie kommen z. B. in Kakao, Bohnen, Beeren, Cranberrys, Grüntee und Zitrusfrüchten vor.

Dos

- Frische Luft und viel Licht an die Haut lassen.
- Lebensmittel mit viel Vitamin C, A, E und Carotinoiden fördern den Zellschutz.
- Pro Tag mindestens 2 l reines Wasser zu trinken, sorgt für die nötige Feuchtigkeit und hält die Haut straff.
- Kneippsche Güsse (30 Sekunden kalter Wasserstrahl) regen den Zellstoffwechsel der Haut an und stärken das Immunsystem.
- Cremes mit Sanddornfruchtfleischöl (aus der Apotheke) wirken entzündungshemmend bei Psoriasis, Neurodermitis oder Ekzemen.
- Zur Pflege Bio-Produkte bevorzugen, um chemische Zusätze zu vermeiden.
- Regelmäßige Entgiftungskuren und Darmsanierungen mit Pro- und Präbiotika verringern die Ausscheidung von Giftstoffen über die Haut.
- Ausdauersport fördert den Lymphfluss und reinigt auf diese Weise die Haut.
- Nahrungsmittelunverträglichkeiten testen lassen.
- Entzündungshemmende Gewürze wie Knoblauch, Curry, Ingwer und Chili verwenden.

Don'ts

- Nikotin, Alkohol und Schlafmangel sind richtige Beautykiller.
- Solarien und ausgedehnte Sonnenbäder schädigen die Haut, lassen Sie vorzeitig altern und erhöhen das Hautkrebsrisiko.
- Vitamin-D-Mangel: Im Winterhalbjahr ist die Einnahme von Vitamin D zu empfehlen, weil es für die Reparatur der Hautzellen dringend benötigt wird. Studien belegen einen Mangel an Vitamin D bei 60 bis 90 % (je nach Jahreszeit) der deutschen Bevölkerung. Die Einnahmeempfehlung richtet sich nach dem gemessenen Vitamin-D-Spiegel.
- Die Haut ist der Spiegel der Verdauung. Daher Verdauungsstörungen dringend behandeln lassen.
- Dauerstress und emotionale Probleme spiegeln sich ebenfalls auf der Haut.
- Übergewichtig bleiben: Durch Zellbotenstoffe des Fettgewebes können entzündliche Hautveränderungen getriggert werden.
- Fertigprodukte: In ihnen enthaltene Zusatzstoffe können Hautreizungen und Allergien auslösen.

Keto und Krebs

Krebszellen lieben Zucker, gesunde Zellen brauchen Fett. Daher kann eine ketogene Ernährung den Körper während einer Krebserkrankung stärken und die Therapie unterstützen.

Zellen außer Kontrolle

Die Diagnose Krebs trifft jedes Jahr fast eine halbe Million Menschen in Deutschland. Nach dem ersten Schock fragen sich viele Patienten, ob und wie sie selbst zur Genesung beitragen oder ein Voranschreiten der Krankheit verhindern können. Das gemeinsame Kennzeichen der vielen verschiedenen Krebserkrankungen ist, dass sich die Zellen unkontrolliert teilen, sodass die Geschwulst immer weiterwächst. Doch auch ein Tumor benötigt zum Teilen und Wachsen Energie und Nährstoffe. Genau hier liegen die Chancen der Patienten, den Körper im Kampf gegen die Krankheit zu unterstützen: sich angemessen bewegen (am besten draußen in der Natur), keinen oder nur in Maßen Alkohol trinken, das Rauchen aufgeben, Stress reduzieren, das Immunsystem stärken, Entspannungstechniken lernen – und natürlich eine keto-gesunde Ernährung. Sie sollte allerdings nur unter ärztlicher Begleitung durchgeführt werden.

Krebs verändert den Stoffwechsel

Bei einer Krebserkrankung stellt sich der Stoffwechsel um. Krebszellen bevorzugen Zucker und decken ihren Bedarf zunehmend durch die Vergärung der im Blut vorhandenen Glukose. Durch diesen Gärungsstoffwechsel unterscheiden sich bösartige von den meisten gesunden Zellen. Er ist jedoch weniger effizient, sodass Krebszellen bis zu 30-mal so viel Zucker verbrauchen wie gesunde Zellen. Hohe Blutzuckerspiegel, wie sie nach einer kohlenhydratreichen Mahlzeit auftreten, liefern Krebszellen daher besonders viele Brenn- und Baustoffe. Andererseits können die gesunden Zellen der Patienten immer schlechter Zucker verwerten. Auch dafür sorgt die Krebsgeschwulst, meist schon früh im Krankheitsverlauf. Die gute Nachricht: Fette und Ketone können die gesunden Zellen weiterhin sehr gut nutzen.

Krebszellen nicht zusätzlich „füttern“

Es spricht also vieles dafür, dass Krebs-Patienten möglichst wenig Kohlenhydrate und dafür deutlich mehr Fett und Eiweiß essen. Bei Darmkrebs-Patienten konnte in einer Studie bereits gezeigt werden, dass eine hohe Kohlenhydratzufuhr das Wiederauftreten der Krankheit begünstigt und die Sterblichkeit erhöht. Weitere Studien zeigen eindeutige unterstützende Effekte während einer Chemo- und Strahlentherapie. Um die gesunden Zellen bestmöglich zu versorgen und die Krebszellen nicht zusätzlich zu „füttern“, empfiehlt es sich, die Ernährung möglichst früh fett- und eiweißbetont zu gestalten. Wer also dem typischen Ratschlag folgt: „Essen Sie, was Ihnen schmeckt“, vergibt eine große Chance, seine Lebensqualität zu verbessern und erheblich zur Heilung beizutragen.

Darum ist Keto gut

Eine gesunde ketogene Ernährung hat einerseits zum Ziel, die gesunden Körperzellen bestmöglich zu nähren und das Immunsystem im Kampf gegen die Krankheit optimal zu unterstützen. Andererseits möchte man den Krebszellen das Leben so schwer wie möglich machen. Dazu muss die ketogene Ernährung genug Eiweiß liefern, nur sehr wenige Kohlenhydrate und reichlich gesunde Fette. Ergänzt wird das Ganze durch krebshemmende Sekundärstoffe aus Gemüse, Salaten, Nüssen, Kräutern und Gewürzen. Dafür sprechen Erkenntnisse aus Tierversuchen, klinische Erfahrungen sowie erste klinische Studien. Das Immunsystem bekommt so die nötigen Aminosäuren, die Abwehr verbessert sich, der Zellschutz wird gefördert. Die Kranken bekommen genügend Energie und Nährstoffe. Das wirkt Muskelabbau, Gewichtsverlust und Erschöpfung entgegen. Die Lebensqualität steigt. Hohe Insulinspiegel wirken bei vielen Tumoren als Wachstumsbeschleuniger. Bei ketogener Ernährung bleibt das Insulin jedoch niedrig. Günstig wirken sich auch die entzündungshemmenden Effekte der ketogenen Ernährung aus, denn Krebserkrankungen sind praktisch immer von Entzündungsprozessen begleitet. Gesunde Zellen gewinnen ihre Energie problemlos aus Fettsäuren und Ketonkörpern; Tumorzellen hingegen können diese kaum nutzen. Auch auf diesem Weg unterstützt man mit einer ketogenen Ernährung die gesunden Zellen und versucht, die kranken zu (zer-)stören.

Regelmäßige Kontrollen

Prinzipiell ist eine ketogene Ernährung für alle Krebsarten geeignet, allerdings kann es genetisch bedingt einzelne Ausnahmen geben. Zudem müssen die Nieren- und Leberfunktionen weitgehend intakt sein, Medikamente müssen gegebenenfalls angepasst und Laborwerte gecheckt werden. Die Umstellung auf eine ketogene Ernährung sollte daher immer mit den behandelnden Ärzten besprochen und ernährungstherapeutisch begleitet werden, auch um Anwendungsfehler oder unerwünschte Gewichtsabnahmen zu vermeiden.

Wichtig: Eine ketogene Ernährung allein kann Krebs nicht heilen oder alle Tumorzellen abtöten. Sie können sogar weiterwachsen – aber eben nicht so schnell. Von Vorteil ist auch, dass sie wieder sensibel werden, sowohl für das körpereigene Immunsystem als auch für schul- und komplementärmedizinische Therapien.

Aus der Praxis: eine zusätzliche Chance im Kampf gegen den Krebs

Die ketogene Ernährung ist ein wichtiger Teil unserer ganzheitlichen Krebsbehandlung. Viele Patienten vertragen damit ihre Chemo- oder Strahlentherapie besser, sie leiden weniger unter Übelkeit, Durchfällen oder anderen Schleimhautproblemen. In der Nachbetreuung berichten sie seltener über Fatigue, die bleierne Müdigkeit, die die Lebensqualität erheblich einschränkt. Man muss die ketogene Ernährung bei Krebs aber richtig machen! Wer nur die Kohlenhydrate weglässt, ohne sie durch Fett zu ersetzen, wird sich schlapp fühlen und an Gewicht verlieren. Um das zu vermeiden, empfehlen wir eine ketogene Ratio von 3 : 1. Außerdem beraten wir unsere Patienten ausführlich und geben Ihnen leckere Rezepte an die Hand, damit sie sich auch längerfristig keto-gesund ernähren können, ohne das Gefühl zu haben, auf etwas verzichten zu müssen.

Low Carb

Grüner Frischpresssaft

1 kleine Zucchini
1 Stange Staudensellerie
4 Grünkohlblätter
½ Bio-Zitrone (Schale und Fruchtfleisch)
½ Apfel
1 Handvoll Minzeblätter

Zubereitung: Alle Zutaten nacheinander in einer Saftpresse auspressen und mischen. Wenn Sie die Konsistenz eher flüssiger mögen, noch etwas Wasser dazugeben. Noch mehr Antikrebsstoffe bekommt der Saft, wenn Sie am Schluss 1 Prise gemahlene Kurkuma oder 1 EL geschroteten Leinsamen untermischen.

Dieser „Immun-Booster" enthält wahrlich geballte grüne Kraft mit wertvollen sekundären Pflanzenstoffen (wie Quercetin, Salvestrole, Sulforaphane) und jeder Menge Vitamine und Mineralstoffe.

Brokkolisprossen selbst züchten

So geht's: Die Samen über Nacht einweichen, abgießen und in ein Keimglas oder -gerät umfüllen. In einen abgedunkelten Raum bei etwa 20 °C zum Keimen stellen und 2-mal täglich etwa 2 Minuten wässern und wieder abgießen. Nach 3 bis 4 Tagen können die Sprossen ans Licht gestellt werden, damit sie grüne Blättchen bekommen, aber nicht in die direkte Sonne. Sie dürfen bis zu 12 Tage weiterkeimen, dabei reicht es, sie 2-mal täglich mit Wasser zu besprühen. Im Kühlschrank sind die Sprossen 2 bis 3 Tage haltbar. Bitte beachten: Die dünnen Faserwurzeln sind kein Schimmel.

Die Sprossen sollten frisch genossen werden, höchstens blanchiert, wenn sich Ihr Magen anfangs erst an die Schärfe gewöhnen muss. Am besten täglich etwa 25 g (½ Tasse) über Gemuse und Salate geben. Im Vergleich zum Gemüse ist der Senfölgehalt (Sulforaphan) in den Sprossen etwa 100-fach höher.
Wem das Sprossenziehen zu aufwendig ist, der kann Indol-3-Carbinol-Tabletten in der Apotheke kaufen und 3-mal täglich eine einnehmen.

Lebensmittel, die Krebs bekämpfen helfen

- Phytatreiche Lebensmittel (z. B. Nüsse, grüne Bohnen) steigern die Aktivität natürlicher Killerzellen und blockieren die Versorgungswege der Tumorzellen.
- Dunkle Beeren und Zitrusfrüchte haben einen ähnlichen Effekt. Außerdem sind Zitrusfrüchte reich an Antioxidantien und wirken daher zellschützend.
- Die Sulforaphane der Kohlgewächse gehen den Tumorstammzellen an den Kragen.
- Grünes Blattgemüse kann das Krebsrisiko um 50 % reduzieren, wenn davon 5 Portionen

pro Woche gegessen werden (im Vergleich zu 1 Portion pro Woche), wie Studien belegen.

- Eine ballaststoffreiche Ernährung reduziert das Risiko nicht nur von Darm-, sondern auch von Brustkrebs.
- Erdbeeren, Granatäpfel, grüner Tee und Pilze hemmen das Enzym Aromatase, das Brustkrebs bei Östrogendominanz fördern kann.
- Leinsamen (empfohlene Menge: 1 EL pro Tag) kann das Brustkrebsrisiko nachweislich reduzieren. 1 Glas Sojadrink am Tag kann das Rezidivrisiko von Brustkrebs um 25 % verringern, wie Studien belegen.
- Salvestrole (Abwehrstoffe von Pflanzen) lösen den Zelltod von Tumorzellen aus und helfen bei der Entgiftung. Besonders viel davon enthalten Avocados, Zucchini, Beeren, grüne Blattgemüse und Gewürzkräuter wie Minze, Kresse, Basilikum, Thymian, Salbei und Rosmarin.
- Quercetin steigert die Wirkung von Strahlen- und Chemotherapie und wirkt außerdem zellschützend auf die gesunden Zellen (in roten Zwiebeln, Grünkohl, Blaubeeren und Apfelschalen enthalten).

Dos

- Lassen Sie regelmäßig Ihren Vitamin-D-Spiegel messen und sorgen Sie dafür, dass er im hochnormalen Bereich liegt. Tanken Sie dazu möglichst viel vom Sonnenhormon und helfen Sie im Winter mit Vitamin-D-Präparaten nach, wenn der Spiegel zu niedrig ist.
- Achten Sie darauf, dass Sie nicht ungewollt Gewicht verlieren. Appetitfördernd wirken Bitterstoffe.
- Achten Sie auf Ihr seelisches Gleichgewicht. Nutzen Sie Ihre Kraftquellen/Ressourcen und suchen Sie nach Seelennahrung.
- Bewegen Sie sich: Täglich laufen verbessert die Krebsabwehr schon nach 2 Wochen, wie Studien belegen. Am besten machen Sie 3-mal wöchentlich Ausdauersport (45 Minunten) und 2-mal pro Woche Kraftsport.
- Würzen Sie reichlich. Eine krebshemmende Wirkung ist nachgewiesen für Kardamom, Kreuzkümmel und Kurkuma.
- Suchen Sie eine ganzheitliche Beratung auf. Nutzen Sie die besten Strategien aus Schulmedizin und Komplementärmedizin.

Don'ts

- Krankmachender Lebensstil: Steigen Sie aus dem Hamsterrad aus. Überdenken Sie schädliche Gewohnheiten, Gedanken und innere Muster. Holen Sie sich gegebenenfalls professionelle psychotherapeutische Hilfe.
- „Akzeptieren Sie Ihre Diagnose. Aber nicht die Prognose." (C. Hirshberg)
- Übergewicht und Nikotin: Bauen Sie Übergewicht ab und werden Sie zum Nichtraucher.
- Stress ist einer Ihrer größten Kontrahenten: Entstressen Sie unbedingt Ihr Leben und erlernen Sie ein Entspannungsverfahren.
- Gehen Sie mit Alkohol verantwortungsvoll um.
- Schlafmangel: Sorgen Sie für einen möglichst langen und erholsamen Schlaf. Reduzieren Sie nächtliche Lichtquellen, damit Sie möglichst viel Melatonin bilden, das nachweislich das Krebsrisiko reduziert.
- Elektrosmog: Zahlreiche Studien belegen die Risiken durch Elektrosmog. Daher meiden.
- Umweltgifte: Meiden Sie z. B. Weichmacher (Bisphenol A, S) in Plastik und Kosmetik.

Wenn es eng wird ums Herz

Noch immer wird vielen Herz-Kreislauf-Patienten empfohlen, fettarm zu essen und insbesondere gesättigte Fette zu meiden. Dabei ist dieser Rat längst überholt.

Die Furcht vor dem Fett ist unbegründet

Herz-Kreislauf-Erkrankungen sind nach wie vor die häufigste Todesursache in Deutschland. Knapp 40 % aller Sterbefälle sind darauf zurückzuführen. Besonders verbreitet ist die koronare Herzkrankheit, eine chronische Erkrankung, bei der es infolge verengter Herzkranzgefäße zu einer Mangeldurchblutung kommt. Wichtige Risikofaktoren für Herz-Kreislauf-Erkrankungen sind Übergewicht, Diabetes, Bluthochdruck, Rauchen, Bewegungsmangel und ein gestörter Fettstoffwechsel. Um das Herz zu entlasten und einen hohen Blutdruck zu senken, wird den übergewichtigen Patienten geraten, abzunehmen und ihre Blutfettwerte zu verbessern. Allerdings empfiehlt man dazu vielfach noch immer eine fettarme Kost. Das bedeutet jedoch vor allem, viele Kohlenhydrate zu essen – das Gegenteil einer ketogenen Ernährung. Dahinter steckt die Furcht, insbesondere die gesättigten Fettsäuren aus Butter, Käse oder Kokosöl würden das „böse" LDL-Cholesterin steigern und dies wiederum würde die Blutgefäße verstopfen. Doch in keiner Studie konnte je belegt werden, dass (gesättigte) Fette dem Herzen oder den Gefäßen schaden.
Auch gibt es keinen Beleg dafür, dass mehrfach ungesättigte Pflanzenöle das Herz

Aus der Praxis: Der Mensch ist so alt wie seine Gefäße!

Das wusste schon der große Pathologe Rudolph Virchow (1821–1902). Unsere heutige „Normalkost" wirkt jedoch arterienschädigend. Dennoch wird zur Behandlung von Gefäßerkrankungen die Ernährung oft nicht umgestellt, sondern nur auf Blutdruck- und Cholesterinsenker sowie Blutverdünner gesetzt, die zu teilweise schweren Nebenwirkungen führen können. Im Gegensatz dazu verläuft eine Umstellung auf pflanzliches und fetteres Essen meist ohne Nebenwirkungen und bringt oft erstaunlich schnelle Effekte: Neben einem deutlich verbesserten Wohlbefinden sehen wir häufig schon nach 3 Monaten deutlich bessere Laborbefunde, sodass Medikamente reduziert oder abgesetzt werden können. Gefäßultraschall und Herzecho zeigen, dass sich Ablagerungen (Plaques) teilweise zurückbilden, Entzündungen abnehmen und die Arterien wieder durchlässiger werden. Wer 10 kg abnimmt, senkt seinen Blutdruck um ca. 10 mmHg.
Die Stoffwechselumstellung ist für die Patienten manchmal wie ein „Reset"! Oftmals gelingen so auch der Einstieg in einen aktiveren Lebensstil, der Verzicht aufs Rauchen und ein maßvollerer Alkoholkonsum (das herzgesunde Achtel trockenen Rotweins).

schützen. Sie können zwar das LDL-Cholesterin senken, doch gleichzeitig senken sie auch das „gute", gefäßschützende HDL-Cholesterin. Eine hohe Kohlenhydratzufuhr – vor allem in Form von Zucker und Weißmehl – kann Übergewicht, schlechte Cholesterinwerte, hohe Blutfette und Entzündungen fördern und so das Risiko für Herz und Gefäße steigern. Es gibt also keinen Grund, sich vor (gesättigten) Fetten zu fürchten, wenn sie im Rahmen einer gesunden kohlenhydratreduzierten Ernährung gegessen werden.

Wichtige Risiko-Indikatoren

Die Triglyzeride (Blutfette) sollten unter 150 mg/dl liegen und der HDL-Cholesterinwert sollte mindestens halb so hoch sein. Dann liegt das Verhältnis der beiden Lipide unter 2 : 1 und man kann davon ausgehen, dass die LDL-Partikel groß und fluffig und damit unproblematischer sind. Außerdem ist es sinnvoll, Entzündungsmarker zu messen (z. B. CRP, Ferritin, Homocystein), den Anteil des oxidierten LDL-Cholesterins (das ist der gefäßschädigende Anteil), den Langzeitzucker (HbA1c), das Insulin, den Blutzucker sowie Lipoprotein (a). So erhält man ein viel umfassenderes Risikoprofil als etwa durch einen einzelnen Cholesterinwert.
Bei manchen Menschen kommt es in der Tat vor, dass nach der Umstellung auf eine ketogene Ernährung das LDL-Cholesterin ansteigt. Meist normalisiert sich der Wert nach einigen Wochen wieder. Der Anstieg könnte auch darauf beruhen, dass die Cholesterinpartikel größer geworden sind. Große fluffige LDL-Partikel sind eher harmlos. Bleiben die Werte (zu) hoch, kann mit einer veränderten Fettauswahl (z. B. mehr Olivenöl, Omega-3-reicher Fisch und Nüsse, weniger Kokosfett und Butter) gegengesteuert werden.

Echt riskante Fette

Als tatsächlich gesundheitsschädlich haben sich einzig künstliche Transfettsäuren erwiesen. Sie entstehen, wenn flüssige Öle teilgehärtet oder lange hoch erhitzt werden (z. B. beim Frittieren). Transfettsäuren stecken in Produkten wie Pommes frites, Chips, manche Margarinen, Fertigprodukten und Backwaren sowie in raffinierten Pflanzenölen. Meiden Sie dieses „Junkfood".

Darum: Keto, richtig gesund

Eine gesunde Keto-Ernährung mit wenigen Kohlenhydraten, hochwertigen Fettlieferanten und reichlich Omega-3-Fettsäuren ist gut für die Gefäße und damit auch für Herz und Hirn: weil sie das Abnehmen erleichtert, was Diabetes Typ 2 und Bluthochdruck entgegenwirkt sowie Arteriosklerose vorbeugt. Weil sie Entzündungen mindert, die Blutfette (Triglyzeride) senkt und das Verhältnis von Gesamt- zu HDL-Cholesterin (Soll: unter 5 : 1) verbessert, indem sie das „gute" HDL-Cholesterin ansteigen lässt. Unter einer ketogenen Ernährung werden die Fettsäuren zur wichtigsten Energiequelle. Gerade die gesättigten Fettsäuren werden dabei bevorzugt zur Energieversorgung genutzt. Denn trotz der höheren Zufuhr ist davon weniger im Blut zu finden als unter einer kohlenhydratreichen Mischkost. Ganz wichtig für die Gesundheit von Herz und Gefäßen sind natürlich auch die vielen Gemüse, Salate, Beeren, Kräuter und Gewürze. Deren Ballaststoffe sättigen, füttern die Darmflora und helfen, gefäßschädigende Risikofaktoren (Homocystein, Lipoprotein (a) und oxidiertes LDL) zu senken. Ihre Flavonoide und Anthocyane unterstützen die gefäßschützende Wirkung der ketogenen Ernährung mit entzündungshemmenden und antioxidativen Effekten.

Low Carb

Smoothie „Pretty in Pink“

150 ml ungesüßter Mandeldrink
1 EL Leinsamen
½ Bio-Zitrone (Schale und Fruchtfleisch)
Kerne von ½ Granatapfel
150 ml Hibiskustee (siehe Tipp)
4 Rotkohlblätter
1–2 TL Erythrit

Zubereitung: Alle Zutaten in einem Hochleistungsmixer fein pürieren. Nach Belieben mit 50 ml Wasser verdünnen. Der Rotkohl kann durch ½ Rote-Bete-Knolle ersetzt werden.

Tipp: Hibiskustee ist sehr polyphenolhaltig; er wird mit getrockneten Blüten (aus dem Kräuterhandel oder der Apotheke) zubereitet. Den Tee etwa ½ Tag – oder am besten über Nacht – ziehen lassen. Dann die Teeblüten abseihen und nach Belieben mit Erythrit süßen. Vor allem im Sommer ist der Tee ein gesundes Erfrischungsgetränk für die ganze Familie.

Teemischung „Herzgesund“

je 50 g Mistel- und Melissenkraut
50 g Weißdornblätter und -früchte

Zubereitung: Pro Tasse 2 TL der Mischung mit kaltem Wasser übergießen. 3 Stunden ziehen lassen und dann erhitzen, aber nicht zum Kochen bringen. Abkühlen lassen und abseihen. 3-mal täglich eine Tasse genießen.

Die Teemischung wirkt blutdrucksenkend, zudem unterstützt sie die Herzfunktion und beugt Arteriosklerose vor. Eine Teekur sollte etwa 6 Wochen lang durchgeführt werden.

Arteriosklorose-Schützer aus der Küche

- Gewürze wie Kreuzkümmel, Rosmarin, Chili, Paprika und Kurkuma enthalten Antioxidantien und verhindern oder reparieren die von freien Radikalen verursachten oxidativen Schäden an den Gefäßen. Zudem wirkt die darin enthaltene Salicylsäure blutverdünnend, ähnlich wie ASS, nur nicht ganz so stark.

- Isoflavone verbessern die Dehnbarkeit und die Elastizität der Gefäße und haben eine gerinnungshemmende Wirkung (enthalten in Zitrusfrüchten, Zwiebeln, Knoblauch, Beeren, Rotkohl und Petersilie).
- Das in Tomaten enthaltene Lycopin ist einer der stärksten Radikalfänger, die wir haben. Besonders hoch ist der Lycopingehalt, wenn die Tomaten mindestens 30 Minuten gekocht wurden. Reichlich Lycopin ist beispielsweise in Tomatenmark enthalten.
- Auch Hibiskus- und Grüntee wirken über ihren Polyphenolgehalt gefäßschützend.
- Blutdrucksenker aus der Küche sind Leinsamen, Knoblauch, Rote Bete und Apfelessig.
- Anthocyane aus dunklen Beeren können das gesunde HDL-Cholesterin im Serum um 10 bis 20 % erhöhen.

Dos

- Regelmäßiger Ausdauersport 6-mal wöchentlich (mindestens 45 Minuten) gilt als die beste Prophylaxe für Herz und Gefäße. Herz-Patienten sollten den Trainingsumfang mit dem behandelnden Arzt absprechen und sich am besten einer Konorarsportgruppe anschließen.
- Einen ähnlich hohen positiven Effekt wie regelmäßige Bewegung hat eine Gewichtsabnahme auf Erkrankungsrisiko, Lebensalter und Sterblichkeit.
- Vitamin D hat auch eine herzschützende Wirkung. Im Sommer am besten über den Aufenthalt im Freien tanken, im Winter sollte in unseren Breitengraden Vitamin D zusätzlich eingenommen werden.
- 1- oder 2-mal jährlich Heilfasten unter ärztlicher Anleitung hat ausgesprochen positive Effekte auf die Herzgesundheit.
- Eine ballaststoffreiche Ernährung (idealerweise 30 g Ballaststoffe pro Tag) vermindert – das belegen zahlreiche Meta-Analysen – das Schlaganfallrisiko um 22 % und das Risiko, an einem Herzinfarkt zu sterben, um 31 %.

Don'ts

- Zigaretten – auch E-Zigaretten – gelten neben Bewegungsmangel und Junkfood als größte Risikofaktoren für die Herzgesundheit.
- Mehr als 4 Tassen Kaffee am Tag trinken! Kaffee in Maßen ist dagegen sogar gesund für Herz und Verdauung.
- Dauerstress und Seelenschmerz gefährden die Herzgesundheit. Hier gilt es, das Leben wieder in Balance zu bringen – ob mit Meditation, MBSR (Mindfulness-Based Stress Reduction) oder auch gesprächstherapeutischer Hilfe.
- Rotwein über die Maßen genießen! Als Faustregel gilt: Männer nicht mehr als ¼ l, Frauen nicht mehr als ⅛ l pro Tag. Denn nur mäßiger Weingenuss senkt das Herzinfarktrisiko um 20 bis 40 %, wie Ergebnisse von mehr als 30 Langzeitstudien belegen.

Das Immunsystem isst mit

Autoimmunerkrankungen nehmen in der westlichen Welt immer mehr zu. Auch gehen sie mit chronischen Entzündungen einher. Eine ketogene Ernährung hilft, diese Krankheiten einzudämmen, und kann modulierend auf das Immunsystem wirken.

Wenn das Immunsystem verrücktspielt

Seit Jahrzehnten zeigt sich ein beunruhigender Trend: Bei immer mehr Menschen reagiert das Immunsystem abwehrend auf körpereigene Substanzen und bildet entsprechende Antikörper. Ob Multiple Sklerose, rheumatoide Arthritis, Diabetes Typ 1, Psoriasis (Schuppenflechte), Zöliakie (Glutenunverträglichkeit), Colitis ulcerosa und Morbus Crohn (siehe Seite 152) oder Hashimoto-Thyreoiditis (Schilddrüsenerkrankung): In all diesen Fällen greift das Immunsystem irrtümlich Teile des eigenen Körpers an und bildet ungebremst Antikörper. Dies führt zu oxidativem Stress und schweren Entzündungsreaktionen, die chronisch werden und Organe und Gewebe schädigen können. Warum und wann das Immunsystem verrücktspielt, ist vielfach noch unklar. Zu den begünstigenden Faktoren zählen neben einer genetischen Veranlagung übertriebene Hygiene, der häufige Gebrauch von Antibiotika, eine gestörte Darmflora, Nahrungsmittelintoleranzen, Übergewicht, nicht gestillt worden zu sein sowie Kaiserschnittgeburten, aber auch Stress, Viren, manche Medikamente, Vitalstoffmängel und Umweltschadstoffe. In westlichen Ländern sind rund 5 % der Menschen von einer Autoimmunkrankheit betroffen. Am häufigsten sind

Aus der Praxis: „Ölwechsel", Heilpflanzen und regelmäßiges Fasten

Wir erweitern die klassische schulmedizinische Diagnostik um die Analyse von Nahrungsmittelintoleranzen, um Mikrobiomdiagnostik, Umweltanalytik und um Regulationsstörungen zur Ursachensuche. Statt reiner Symptombekämpfung setzen wir an diesen Ursachen an. Eine Umstellung auf eine ketogene oder eine moderate Low-Carb-Ernährung (siehe Seite 21) mit einem „Ölwechsel" in der Küche sowie eine Darmsanierung tragen meist erheblich zur Verbesserung der Beschwerden bei. Sowohl die Küchenapotheke als auch Heilpflanzen wie z. B. Kurkuma, Hagebutte oder Brennnessel sind potente gesunde Entzündungshemmer zur Einsparung von Rheumamitteln und Immunsuppressiva. Unsere Hashimoto-Patienten profitieren zudem meist von der Umstellung auf biologische Schilddrüsenpräparate, was sich neben einem verbesserten Gesamtbefinden an stabilen Schilddrüsenbefunden im Labor und Ultraschall zeigt. Zur Immunmodulation empfehlen wir unseren Autoimmun-Patienten, zweimal jährlich zu fasten oder ein regelmäßiges Intervallfasten (z. B. 12 bis 16 Stunden über Nacht).

Schuppenflechte, rheumatoide Arthritis und Schilddrüsenerkrankungen wie Morbus Basedow und die Hashimoto-Thyreoiditis. An Hashimoto leiden hierzulande 5 bis 10 % der Bevölkerung, an rheumatoider Arthritis etwa 1 %, an Multipler Sklerose rund 0,4 %.

Begleitende Ernährungsumstellung

Autoimmunerkrankungen gelten als nicht ursächlich behandelbar. Die Therapie fokussiert sich folglich darauf, durch Schmerzmittel (wie etwa COX-2-Hemmer), entzündungshemmende oder immunsuppressive Mittel (z. B. Kortison) die Beschwerden zu lindern und die Zerstörung betroffener Organe möglichst lange aufzuschieben. Allerdings haben diese Medikamente langfristig erhebliche Nebenwirkungen, unter anderem auf Herz und Gefäße. Moderne Medikamente, sogenannte Biologicals, sind wirksamer und verträglicher, aber auch teuer. Zwar geht es bei diesen Erkrankungen vielfach nicht ohne Medikamente, allerdings kann eine begleitende Ernährungsumstellung helfen, die Dosierung zu verringern – und damit auch die Nebenwirkungen. Zudem schützt sie Darmflora, Knochen und Gefäße.

Mehr Pflanzen, weniger tierisches Eiweiß

Eine keto-gesunde Ernährung unterstützt mit ihrem hohen Anteil an mikrobiomfreundlichen Gemüsen, Kräutern und Salaten eine vielfältige Darmflora, die bei vielen Autoimmun-Patienten beeinträchtigt ist. Dies unterstützt die Barrierewirkung des Darms, sodass von dort keine unerwünschten entzündungsfördernden Stoffe ins Blut gelangen. Die Darmschleimhaut glutenempfindlicher Personen regeneriert sich unter glutenfreier Kost, was für viele Keto-Gerichte zutrifft. Nüsse und Saaten liefern Mineralstoffe (z. B. Kalium und Magnesium), die das Säure-Basen-Gleichgewicht des Körpers unterstützen. Zahlreiche Gemüse, Gewürze und Wildkräuter tragen außerdem mit ihren antioxidativen und entzündungshemmenden Wirkungen zum Zellschutz bei. Standardisiertes Hagebuttenpulver und Kurkuma wirken zudem schmerzlindernd. Auch die Ketone selbst sowie eine gute Versorgung mit Omega-3-Fettsäuren reduzieren das Entzündungsgeschehen. Zugleich sollte die Zufuhr von Omega-6-Fettsäuren, insbesondere von Arachidonsäure (vor allem in Schweinefett), verringert werden, da sie die Bildung entzündungsfördernder Signalstoffe anheizen. Dazu werden fettreiche tierische Eiweißträger reduziert und mehr pflanzliches Eiweiß verzehrt (z. B. Nüsse).

Direkter Einfluss auf das Immunsystem

Wie neuere Forschungen ergaben, verläuft die antientzündliche Wirkung der Ketone wohl über eine modulierende Wirkung auf das Immunsystem. Es zeigte sich, dass Ketone dessen Überaktivität ähnlich wie moderne Medikamente herunterregeln können. Mit der „Beruhigung" des Immunsystems lassen die chronischen Entzündungen und teilweise auch die Schmerzen erheblich nach. Fasten, aber auch fastenimitierende Diäten wie die ketogene Ernährung, senkt zudem die Zahl überaktiver Immunzellen, die körpereigene Strukturen angreifen. In einem Tiermodell mit Multipler Sklerose kam es dabei zu einer Regeneration der zuvor angegriffenen Myelinscheiden der Nervenzellen. Auch MS-Patienten profitierten vom Fasten und einer ketogenen Diät: Beides senkte die Müdigkeit, besserte die Symptome und steigerte die Lebensqualität, wie eine Studie an der Berliner Charité ergeben hat.

Ketogene Ratio: 1 : 1

„Schmerz lass nach“-Smoothie

5 getrocknete Hagebutten
(ersatzweise 1 TL Hagebuttenpulver)
1 Handvoll Giersch, Brennnesselblätter oder grünes Blattgemüse (je nach Saison)
100 g Papayafruchtfleisch
1 EL Sonnenblumenkerne

Zubereitung: Die Hagebutten in einem Hochleistungsmixer fein pürieren, dann die restlichen Zutaten dazugeben und alles fein mixen. Mit 200 ml Wasser auffüllen.

Der Smoothie ist reich an Bromelain und Vitamin E zur Entzündungshemmung. Giersch enthält Mineralstoffe und schmerzlindernde ätherische Öle, Brennnessel wirkt ebenfalls entzündungshemmend. Hagebutte hilft nachweislich, die Entzündungsparameter zu senken und verbessert die Beweglichkeit der Gelenke. Dieser Smoothie hat – regelmäßig getrunken – das Potenzial, klassische Schmerz- und Rheumamittel einsparen zu helfen.

Antientzündlicher Chai

10–20 g geriebener Ingwer
1 Zimtstange, 2 Gewürznelken
2 gemörserte Kardamomkapseln
½ cm frisch geriebene Kurkuma
(oder 1 Msp. gemahlene Kurkuma)
1 Prise Pfeffer aus der Mühle
1 TL Grüntee
½ TL Erythrit
30–50 ml ungesüßter Mandeldrink

Zubereitung: Die Gewürze in einen Topf geben, bei schwacher Hitze leicht anrösten, mit 200 ml Wasser aufgießen. 5 Minuten ziehen lassen, dann den Grüntee dazugeben und weitere 5 Minuten ziehen lassen. Vom Herd nehmen, abseihen, evtl. süßen und den Mandeldrink einrühren.

Lebensmittel, die bei Autoimmunerkrankungen helfen

- COX-2-Hemmer aus der Küche sind Staudensellerie und Hagebutte. Es wurde z. B. nachgewiesen, dass der Entzündungsmarker CRP nach 10-tägiger Einnahme von Hagebuttenpulver um 30 % gesenkt und Schmerzmittel eingespart werden konnten.

- Gewürze wie Kurkuma, Curry, Koriander, Ingwer, Kardamom und Cayennepfeffer können helfen, Schmerzen zu lindern.
- Fette Seefische (Lachs, Makrele, Hering und Sardinen) enthalten reichlich entzündungshemmende Omega-3-Fettsäuren. Geringere Mengen finden sich in Wild und Fleisch von Weidetieren. Pflanzliche Omega-3-Quellen sind Walnüsse, Lein-, Chia- und Hanfsamen.
- Granatapfel, rote Beeren und dunkle Schokolade sind reich an pflanzlichen Antioxidantien, die freie Radikale „einfangen".
- Papaya ist nicht nur „keto-tauglich", sie enthält auch Enzyme, die abschwellend wirken.
- Gemüse wie Kohl, Fenchel und Paprika enthalten viele Flavonoide, die dabei helfen, Arachidonsäure abzubauen.

Dos

- Pflanzliche Antirheumatika aus Weihrauch, Kurkuma, Hagebutte und Teufelskralle senken entzündungsfördernde Zytokine (Botenstoffe) und helfen, Schmerz- und Rheumamittel einzusparen.
- Die Standardtherapie mit Arnikagel sowie Kühlpads, Quarkwickel und Capsaicincreme (aus der Apotheke) unterstützen: Sie wirken schmerzlindernd.
- Mit Bewegung und Wärme gegen die Schonhaltung vorgehen: Mooranwendungen, Heublumenpackungen, Bewegungsbäder und regelmäßiges Saunieren halten Muskeln und Gelenke beweglich.
- Regelmäßiges Fasten oder Intervallfasten mit nachfolgender basischer Ernährung mobilisiert Toxine und reduziert Immunkomplexe.
- Eine Darmsanierung verbessert den Abtransport von Stoffwechselendprodukten.
- Entspannungsverfahren lernen: 80 % aller Patienten mit Autoimmunerkrankungen hatten vor Ausbruch der Erkrankung starken Stress.
- Laboranalyse auf Umwelttoxine, virale Belastungen und Nahrungsmittelintoleranzen durchführen lassen.

Don'ts

- Krankmachenden Lebensstil beibehalten: besser Schlafmangel, Stress, Alkohol, Nikotin und Umweltgifte reduzieren.
- Übergewichtig bleiben: Insbesondere Bauchfett produziert entzündungsfördernde Botenstoffe. Besser: Bauchfett reduzieren.
- Viel Zucker (insbesondere Fruktose) und Schweinefett (hoher Anteil an Arachidonsäure) essen: Sie feuern Entzündungsprozesse im Körper an.
- Exzessive Mengen an Sojaprodukten essen: Die darin enthaltenen Goitrogene fördern Entzündungen und hemmen die Schilddrüsenfunktion.
- Nährstoffdefizite ignorieren: Es ist wichtig, genug Omega 3, Vitamin D, Selen, Magnesium, Zink, B-Vitamine und Vitamin E im Körper zu haben. Daher regelmäßig untersuchen lassen und bei Bedarf ausgleichen.
- Darmpflege vernachlässigen: Das kann die Immunabwehr des Darms schwächen und Entzündungsreaktionen verstärken.
- Fettreiche tierische Eiweißquellen: Diese sollten Sie reduzieren und durch keto-taugliche pflanzliche Eiweißquellen wie Nüsse, Hanf, grüne Bohnen und Kidneybohnen ersetzen.

Rezeptregister

A

Antipasti-Platte mit Käse und Schinken 94
Aubergine
- Gemüse-Curry mit Nuss-„Reis" aus Blumenkohl 86
- Keto-„Petit farcis" mit Joghurt-Dip 106

Auf „Himbeer-Wolke 7": Baiser mit Schokolade und Himbeersahne 134
Avocado
- Avocado-Carpaccio mit Frischkäsenocken 64
- Green Goddess Bowl (Baukasten) 76
- Keto-Guacamole mit Gemüse-Sticks 48
- Spinat-Smoothie mit Avocado und Minze 58
- Zoodles mit Bohnen, Avocado-Dressing und Dukkah 74

B

Beeren
- Auf „Himbeer-Wolke 7": Baiser mit Schokolade und Himbeersahne 134
- Chia-Konfitüre 38
- Dr. Karners Ketüsli (Baukasten) 32
- Erdbeeren im Schoko-Pistazien-Mantel 130
- Frozen Yoghurt mit Himbeeren 128
- Keto-Brownies mit Beerenmischung 136
- Keto-Overnight-Seeds mit Beeren und Kokoschips 30
- Panna cotta mit Basilikum und Brombeersauce 122

Blumenkohl
- Blumenkohl-Suppe 61
- Gemüse-Curry mit Nuss-„Reis" aus Blumenkohl 86

Bohnen
- Bohnendip 82
- Green Goddess Bowl (Baukasten) 76
- Nizza-Fisch mit grünen Bohnen und Oliven-Gremolata 114
- Zoodles mit Bohnen, Avocado-Dressing und Dukkah 74

Brathähnchen mit Mandel-Knoblauch-Sauce 102
Brokkoli
- Gemüse-Curry mit Nuss-„Reis" aus Blumenkohl 86
- Green Goddess Bowl (Baukasten) 76
- Sesamlachsfilet mit Asia-Gemüse und Wasabi 112

Brot
- Keto-Knäckebrot mit Saaten und Kernen 36
- Saaten-Nuss-Brot 34

C/D

Camembert: Nusscamembert mit Mangold und Tomaten 78
Chiasamen
- Chia-Konfitüre 38
- Keto-Overnight-Seeds mit Beeren und Kokoschips 30
- Saaten-Nuss-Brot 34

Chicorée-Gratin mit Schinken und Mascarpone 96
Cloud-Bread-Sandwich mit Gemüse und Crème fraîche 40
Dr. Karners Ketüsli (Baukasten) 32

E

Eggs Benedict mit Spargel, Bacon und Dill-Hollandaise 44
Eier
- Auf „Himbeer-Wolke 7": Baiser mit Schokolade und Himbeersahne 134
- Cloud-Bread-Sandwich mit Gemüse und Crème fraîche 40
- Eggs Benedict mit Spargel, Bacon und Dill-Hollandaise 44
- Falsche Bratkartoffeln mit Spiegelei und Senfcreme 98
- Fenchelsalat mit pochiertem Ei und Walnüssen 66
- Grüne Shakshuka mit Spinat und Würzöl 84
- Keto-Brownies mit Beerenmischung 136
- Keto-Mousse au Chocolat mit Bitterschokolade 124
- Omelett mit Spinat und Lachs 42
- Rahmlauch mit Cloud Eggs und Walnüssen 88
- Schinken-Wraps mit Pesto-Creme, Rucola und Tomaten 46
- Spinatauflauf mit Mascarpone und Basilikum 90

Erdbeeren im Schoko-Pistazien-Mantel 130

F

Falsche Bratkartoffeln mit Spiegelei und Senfcreme 98
Fenchel
- Fenchelsalat mit pochiertem Ei und Walnüssen 66
- Rotbarben mit Orange, Ingwer und Fenchelgemüse 118

Fischfilet mit Pesto in Varianten 116
Frischkäse
- Avocado-Carpaccio mit Frischkäsenocken 64
- Cloud-Bread-Sandwich mit Gemüse und Crème fraîche 40
- Gemüse-Tagliatelle mit Ziegenfrischkäsesauce 72

Frozen Yoghurt mit Himbeeren 128

G

Gemüse
- Gemüse-Curry mit Nuss-„Reis" aus Blumenkohl 86
- Gemüse-Tagliatelle mit Ziegenfrischkäsesauce 72
- Keto-Guacamole mit Gemüse-Sticks 48

Gewürznüsse (Baukasten) 56
Green Goddess Bowl (Baukasten) 76
Grüne Shakshuka mit Spinat und Würzöl 84
Gurke
- Cloud-Bread-Sandwich mit Gemüse und Crème fraîche 40
- Gemüse-Tagliatelle mit Ziegenfrischkäsesauce 72
- Gurkentaler mit Nuss-Crème-fraîche 54

Thai-„Nudelsalat" mit Kokos-Erdnuss-Dressing 68

H

Hackfleisch: Keto-„Petit farcis" mit Joghurt-Dip 106
Hähnchen
- Brathähnchen mit Mandel-Knoblauch-Sauce 102
- Hähnchenschenkel mit Ofen-Rosenkohl und Speckwürfeln 104

Halloumi mit Grillzucchini und Nussöl 80

Himbeeren: Chia-Konfitüre 38
Hummus: „Kummus“ (Baukasten) 50

J
Joghurt
Frozen Yoghurt mit Himbeeren 128
Keto-„Petit farcis“ mit Joghurt-Dip 106

K
Käse
Antipasti-Platte mit Käse und Schinken 94
Halloumi mit Grillzucchini und Nussöl 80
Käsecracker mit Paprikacreme 52
Keto-Brownies mit Beerenmischung 136
Keto-Crossies (Baukasten) 132
Keto-Guacamole mit Gemüse-Sticks 48
Keto-Knäckebrot mit Saaten und Kernen 36
Keto-Mousse au Chocolat mit Bitterschokolade 124
Keto-Overnight-Seeds mit Beeren und Kokoschips 30
Keto-„Petit farcis“ mit Joghurt-Dip 106
Kichererbsen: „Kummus“ (Baukasten) 50
Kohlrabi
Falsche Bratkartoffeln mit Spiegelei und Senfcreme 98
Putenröllchen mit Kohlrabisalat und Nüssen 100
Kokos
Dr. Karners Ketüsli (Baukasten) 32
Gemüse-Curry mit Nuss-„Reis“ aus Blumenkohl 86
Keto-Crossies (Baukasten) 132
Keto-Overnight-Seeds mit Beeren und Kokoschips 30
Kokoscreme 39
Kokosriegel mit Bitterschokolade und Vanille 126
Schokocreme 39
Thai-„Nudelsalat“ mit Kokos-Erdnuss-Dressing 68
Kräuter-Dressing 71
„Kummus“ (Baukasten) 50
Kürbisdip 82

L
Lachs
Omelett mit Spinat und Lachs 42
Sesamlachsfilet mit Asia-Gemüse und Wasabi 112
Lammfilets mit cremigem Spitzkohlsalat 108
Lauch
Gemüse-Curry mit Nuss-„Reis“ aus Blumenkohl 86
Rahmlauch mit Cloud Eggs und Walnüssen 88
Wildragout mit Pilzen und Wirsing 110

M
Mandeln
Bohnendip 82
Brathähnchen mit Mandel-Knoblauch-Sauce 102
Dr. Karners Ketüsli (Baukasten) 32
Gewürznüsse (Baukasten) 56
Green Goddess Bowl (Baukasten) 76
Nusscamembert mit Mangold und Tomaten 78
Saaten-Nuss-Brot 34
Schokocreme 39
Mangold
Mangoldsuppe 61
Nusscamembert mit Mangold und Tomaten 78
Mascarpone
Chicorée-Gratin mit Schinken und Mascarpone 96
Putenröllchen mit Kohlrabisalat und Nüssen 100
Spinatauflauf mit Mascarpone und Basilikum 90
Möhren
Thai-„Nudelsalat“ mit Kokos-Erdnuss-Dressing 68
Wildragout mit Pilzen und Wirsing 110
Müsli
Dr. Karners Ketüsli (Baukasten) 32
Keto-Overnight-Seeds mit Beeren und Kokoschips 30

N
Nizza-Fisch mit grünen Bohnen und Oliven-Gremolata 114
Nüsse
Dr. Karners Ketüsli (Baukasten) 32
Gemüse-Curry mit Nuss-„Reis“ aus Blumenkohl 86
Gewürznüsse (Baukasten) 56
Green Goddess Bowl (Baukasten) 76
Gurkentaler mit Nuss-Crème-fraîche 54
Halloumi mit Grillzucchini und Nussöl 80
Keto-Crossies (Baukasten) 132
„Kummus“ (Baukasten) 50
Nusscamembert mit Mangold und Tomaten 78
Nuss-Vinaigrette 70
Putenröllchen mit Kohlrabisalat und Nüssen 100
Saaten-Nuss-Brot 34
Thai-„Nudelsalat“ mit Kokos-Erdnuss-Dressing 68
Zoodles mit Bohnen, Avocado-Dressing und Dukkah 74

O
Oliven: Nizza-Fisch mit grünen Bohnen und Oliven-Gremolata 114
Omelett mit Spinat und Lachs 42
Orangen
Keto-Mousse au Chocolat mit Bitterschokolade 124
Rotbarben mit Orange, Ingwer und Fenchelgemüse 118

P
Panna cotta mit Basilikum und Brombeersauce 122
Paprika
Antipasti-Platte mit Käse und Schinken 94
Käsecracker mit Paprikacreme 52
Keto-„Petit farcis“ mit Joghurt-Dip 106
Pesto
Fischfilet mit Pesto in Varianten 116
Schinken-Wraps mit Pesto-Creme, Rucola und Tomaten 46

Pilze
Antipasti-Platte mit Käse und Schinken 94
Wildragout mit Pilzen und Wirsing 110
Pistazien: Erdbeeren im Schoko-Pistazien-Mantel 130
Putenröllchen mit Kohlrabisalat und Nüssen 100

R

Rahmlauch mit Cloud Eggs und Walnüssen 88
Rosenkohl: Hähnchenschenkel mit Ofen-Rosenkohl und Speckwürfeln 104
Rotbarben mit Orange, Ingwer und Fenchelgemüse 118
Rote-Bete-Suppe 60
Rucola
Cloud-Bread-Sandwich mit Gemüse und Crème fraîche 40
Fischfilet mit Pesto in Varianten 116
Schinken-Wraps mit Pesto-Creme, Rucola und Tomaten 46

S

Saaten
Keto-Knäckebrot mit Saaten und Kernen 36
Keto-Overnight-Seeds mit Beeren und Kokoschips 30
Saaten-Nuss-Brot 34
Sahne
Auf „Himbeer-Wolke 7“: Baiser mit Schokolade und Himbeersahne 134
Chicorée-Gratin mit Schinken und Mascarpone 96
Keto-Brownies mit Beerenmischung 136
Keto-Mousse au Chocolat mit Bitterschokolade 124
Kürbisdip 82
Panna cotta mit Basilikum und Brombeersauce 122
Schokocreme 39
Schafskäse
Grüne Shakshuka mit Spinat und Würzöl 84
Rote-Bete-Suppe 60
Schinken
Antipasti-Platte mit Käse und Schinken 94
Chicorée-Gratin mit Schinken und Mascarpone 96
Schinken-Wraps mit Pesto-Creme, Rucola und Tomaten 46
Schokolade
Auf „Himbeer-Wolke 7“: Baiser mit Schokolade und Himbeersahne 134
Erdbeeren im Schoko-Pistazien-Mantel 130
Keto-Crossies (Baukasten) 132
Keto-Mousse au Chocolat mit Bitterschokolade 124
Kokosriegel mit Bitterschokolade und Vanille 126
Selleriebutter 83
Sesamlachsfilet mit Asia-Gemüse und Wasabi 112
Shakshuka: Grüne Shakshuka mit Spinat und Würzöl 84
Smoothie: Spinat-Smoothie mit Avocado und Minze 58
Spargel: Eggs Benedict mit Spargel, Bacon und Dill-Hollandaise 44
Speck
Eggs Benedict mit Spargel, Bacon und Dill-Hollandaise 44
Falsche Bratkartoffeln mit Spiegelei und Senfcreme 98
Hähnchenschenkel mit Ofen-Rosenkohl und Speckwürfeln 104
Putenröllchen mit Kohlrabisalat und Nüssen 100
Spinat
Green Goddess Bowl (Baukasten) 76
Grüne Shakshuka mit Spinat und Würzöl 84
Omelett mit Spinat und Lachs 42
Spinatauflauf mit Mascarpone und Basilikum 90
Spinat-Smoothie mit Avocado und Minze 58
Spitzkohl: Lammfilets mit cremigem Spitzkohlsalat 108
Staudensellerie
Blumenkohl-Suppe 61
Lammfilets mit cremigem Spitzkohlsalat 108

T

Tahin (Sesampaste)
„Kummus“ (Baukasten) 50
Tahin-Dressing 71
Thai-„Nudelsalat“ mit Kokos-Erdnuss-Dressing 68
Tomaten
Keto-„Petit farcis“ mit Joghurt-Dip 106
Nusscamembert mit Mangold und Tomaten 78
Schinken-Wraps mit Pesto-Creme, Rucola und Tomaten 46
Tomatensalsa 83
Wildragout mit Pilzen und Wirsing 110

W

Walnüsse
Fenchelsalat mit pochiertem Ei und Walnüssen 66
Gemüse-Tagliatelle mit Ziegenfrischkäsesauce 72
Halloumi mit Grillzucchini und Nussöl 80
Nuss-Vinaigrette 70
Rahmlauch mit Cloud Eggs und Walnüssen 88
Selleriebutter 83
Wildragout mit Pilzen und Wirsing 110
Wirsing: Wildragout mit Pilzen und Wirsing 110

Z

Zoodles mit Bohnen, Avocado-Dressing und Dukkah 74
Zucchini
Antipasti-Platte mit Käse und Schinken 94
Gemüse-Tagliatelle mit Ziegenfrischkäsesauce 72
Halloumi mit Grillzucchini und Nussöl 80
Keto-„Petit farcis“ mit Joghurt-Dip 106
Zoodles mit Bohnen, Avocado-Dressing und Dukkah 74

Register nach Krankheiten

Autoimmunerkrankungen

Antipasti-Platte mit Käse und Schinken 94
Auf „Himbeer-Wolke 7“: Baiser mit Schokolade und Himbeersahne 134
Blumenkohlsuppe 61
Bohnendip 82
Chia-Konfitüre 38
Chicorée-Gratin mit Schinken und Mascarpone 96
Cloud-Bread-Sandwich mit Gemüse und Crème fraîche 40
Dr. Karners Ketüsli (Baukasten) 32
Erdbeeren im Schoko-Pistazien-Mantel 130
Falsche Bratkartoffeln mit Spiegelei und Senfcreme 98
Fenchelsalat mit pochiertem Ei und Walnüssen 66
Fischfilet mit Pesto in Varianten 116
Frozen Yoghurt mit Himbeeren 128
Gemüse-Curry mit Nuss-„Reis“ aus Blumenkohl 86
Green Goddess Bowl (Baukasten) 76
Grüne Shakshuka mit Spinat und Würzöl 84
Halloumi mit Grillzucchini und Nussöl 80
Käsecracker mit Paprikacreme 52
Keto-Brownies mit Beerenmischung 136
Keto-Crossies (Baukasten) 132
Keto-Guacamole mit Gemüse-Sticks 48
Keto-Knäckebrot mit Saaten und Kernen 36
Keto-Mousse au Chocolat mit Bitterschokolade 124
Keto-Overnight-Seeds mit Beeren und Kokoschips 30
Keto-„Petit farcis“ mit Joghurt-Dip 106
Kräuter-Dressing 71
„Kummus“ (Baukasten) 50
Kürbisdip 82
Mangoldsuppe 61
Nizza-Fisch mit grünen Bohnen und Oliven-Gremolata 114
Nusscamembert mit Mangold und Tomaten 78
Omelett mit Spinat und Lachs 42
Panna cotta mit Basilikum und Brombeersauce 122
Putenröllchen mit Kohlrabisalat und Nüssen 100
Rotbarben mit Orange, Ingwer und Fenchelgemüse 118
Saaten-Nuss-Brot 34
Schinken-Wraps mit Pesto-Creme, Rucola und Tomaten 46
Schoko-Nuss-Creme 39
Selleriebutter 83
Sesamlachsfilet mit Asia-Gemüse und Wasabi 112
Spinat-Smoothie mit Avocado und Minze 58
Tahin-Dressing 71
Thai-„Nudelsalat“ mit Kokos-Erdnuss-Dressing 68
Tomatensalsa 83
Zoodles mit Bohnen, Avocado-Dressing und Dukkah 74

Darmerkrankungen

Antipasti-Platte mit Käse und Schinken 94
Auf „Himbeer-Wolke 7“: Baiser mit Schokolade und Himbeersahne 134
Avocado-Carpaccio mit Frischkäsenocken 64
Blumenkohlsuppe 61
Bohnendip 82
Brathähnchen mit Mandel-Knoblauch-Sauce 102
Chia-Konfitüre 38
Chicorée-Gratin mit Schinken und Mascarpone 96
Cloud-Bread-Sandwich mit Gemüse und Crème fraîche 40
Dr. Karners Ketüsli (Baukasten) 32
Erdbeeren im Schoko-Pistazien-Mantel 130
Falsche Bratkartoffeln mit Spiegelei und Senfcreme 98
Fenchelsalat mit pochiertem Ei und Walnüssen 66
Fischfilet mit Pesto in Varianten 116
Frozen Yoghurt mit Himbeeren 128
Gemüse-Curry mit Nuss-„Reis“ aus Blumenkohl 86
Green Goddess Bowl (Baukasten) 76
Grüne Shakshuka mit Spinat und Würzöl 84
Hähnchenschenkel mit Ofen-Rosenkohl und Speckwürfeln 104
Halloumi mit Grillzucchini und Nussöl 80
Käsecracker mit Paprikacreme 52
Keto-Crossies (Baukasten) 132
Keto-Guacamole mit Gemüse-Sticks 48
Keto-Knäckebrot mit Saaten und Kernen 36
Keto-Overnight-Seeds mit Beeren und Kokoschips 30
Keto-„Petit farcis“ mit Joghurt-Dip 106
Kräuter-Dressing 71
„Kummus“ (Baukasten) 50
Kürbisdip 82
Lammfilets mit cremigem Spitzkohlsalat 108
Mangoldsuppe 61
Nizza-Fisch mit grünen Bohnen und Oliven-Gremolata 114
Nusscamembert mit Mangold und Tomaten 78
Panna cotta mit Basilikum und Brombeersauce 122
Putenröllchen mit Kohlrabisalat und Nüssen 100
Rahmlauch mit Cloud Eggs und Walnüssen 88
Rotbarben mit Orange, Ingwer und Fenchelgemüse 118
Rote-Bete-Suppe 60
Saaten-Nuss-Brot 34
Schoko-Nuss-Creme 39
Selleriebutter 83
Sesamlachsfilet mit Asia-Gemüse und Wasabi 112
Spinatauflauf mit Mascarpone und Basilikum 90
Spinat-Smoothie mit Avocado und Minze 58
Tahin-Dressing 71
Thai-„Nudelsalat“ mit Kokos-Erdnuss-Dressing 68
Wildragout mit Pilzen und Wirsing 110
Zoodles mit Bohnen, Avocado-Dressing und Dukkah 74

Diabetes

Antipasti-Platte mit Käse und Schinken 94
Auf „Himbeer-Wolke 7“: Baiser mit Schokolade und Himbeersahne 134
Blumenkohlsuppe 61
Bohnendip 82
Brathähnchen mit Mandel-Knoblauch-Sauce 102
Cloud-Bread-Sandwich mit Gemüse und Crème fraîche 40
Dr. Karners Ketüsli (Baukasten) 32
Eggs Benedict mit Spargel, Bacon und Dill-Hollandaise 44
Erdbeeren im Schoko-Pistazien-Mantel 130
Falsche Bratkartoffeln mit Spiegelei und Senfcreme 98
Fischfilet mit Pesto in Varianten 116
Frozen Yoghurt mit Himbeeren 128
Gemüse-Tagliatelle mit Ziegenfrischkäsesauce 72
Gewürznüsse (Baukasten) 56
Green Goddess Bowl (Baukasten) 76
Grüne Shakshuka mit Spinat und Würzöl 84
Hähnchenschenkel mit Ofen-Rosenkohl und Speckwürfeln 104
Halloumi mit Grillzucchini und Nussöl 80
Käsecracker mit Paprikacreme 52
Keto-Brownies mit Beerenmischung 136
Keto-Crossies (Baukasten) 132
Keto-Guacamole mit Gemüse-Sticks 48
Keto-Knäckebrot mit Saaten und Kernen 36
Keto-Mousse au Chocolat mit Bitterschokolade 124
Keto-Overnight-Seeds mit Beeren und Kokoschips 30
Keto-„Petit farcis“ mit Joghurt-Dip 106
Kokosriegel mit Bitterschokolade und Vanille 126
Kräuter-Dressing 71
„Kummus“ (Baukasten) 50
Kürbisdip 82
Lammfilets mit cremigem Spitzkohlsalat 108
Mangoldsuppe 61
Nizza-Fisch mit grünen Bohnen und Oliven-Gremolata 114
Nusscamembert mit Mangold und Tomaten 78
Panna cotta mit Basilikum und Brombeersauce 122
Putenröllchen mit Kohlrabisalat und Nüssen 100
Rahmlauch mit Cloud Eggs und Walnüssen 88
Rotbarben mit Orange, Ingwer und Fenchelgemüse 118
Rote-Bete-Suppe 60
Saaten-Nuss-Brot 34
Schoko-Nuss-Creme 39
Selleriebutter 83
Spinat-Smoothie mit Avocado und Minze 58
Thai-„Nudelsalat“ mit Kokos-Erdnuss-Dressing 68
Wildragout mit Pilzen und Wirsing 110
Zoodles mit Bohnen, Avocado-Dressing und Dukkah 74

Hautkrankheiten

Antipasti-Platte mit Käse und Schinken 94
Auf „Himbeer-Wolke 7“: Baiser mit Schokolade und Himbeersahne 134
Avocado-Carpaccio mit Frischkäsenocken 64
Blumenkohlsuppe 61
Bohnendip 82
Brathähnchen mit Mandel-Knoblauch-Sauce 102
Chia-Konfitüre 38
Chicorée-Gratin mit Schinken und Mascarpone 96
Cloud-Bread-Sandwich mit Gemüse und Crème fraîche 40
Dr. Karners Ketüsli (Baukasten) 32
Eggs Benedict mit Spargel, Bacon und Dill-Hollandaise 44
Erdbeeren im Schoko-Pistazien-Mantel 130
Falsche Bratkartoffeln mit Spiegelei und Senfcreme 98
Fenchelsalat mit pochiertem Ei und Walnüssen 66
Fischfilet mit Pesto in Varianten 116
Frozen Yoghurt mit Himbeeren 128
Gemüse-Curry mit Nuss-„Reis“ aus Blumenkohl 86
Gemüse-Tagliatelle mit Ziegenfrischkäsesauce 72
Gewürznüsse (Baukasten) 56
Green Goddess Bowl (Baukasten) 76
Grüne Shakshuka mit Spinat und Würzöl 84
Hähnchenschenkel mit Ofen-Rosenkohl und Speckwürfeln 104
Halloumi mit Grillzucchini und Nussöl 80
Käsecracker mit Paprikacreme 52
Keto-Brownies mit Beerenmischung 136
Keto-Crossies (Baukasten) 132
Keto-Knäckebrot mit Saaten und Kernen 36
Keto-Mousse au Chocolat mit Bitterschokolade 124
Keto-Overnight-Seeds mit Beeren und Kokoschips 30
Keto-„Petit farcis“ mit Joghurt-Dip 106
Kokosriegel mit Bitterschokolade und Vanille 126
„Kummus“ (Baukasten) 50
Mangoldsuppe 61
Nusscamembert mit Mangold und Tomaten 78
Omelett mit Spinat und Lachs 42
Panna cotta mit Basilikum und Brombeersauce 122
Putenröllchen mit Kohlrabisalat und Nüssen 100
Rotbarben mit Orange, Ingwer und Fenchelgemüse 118
Rote-Bete-Suppe 60
Saaten-Nuss-Brot 34
Schinken-Wraps mit Pesto-Creme, Rucola und Tomaten 46
Schoko-Nuss-Creme 39
Selleriebutter 83
Spinatauflauf mit Mascarpone und Basilikum 90
Spinat-Smoothie mit Avocado und Minze 58
Tahin-Dressing 71
Thai-„Nudelsalat“ mit Kokos-Erdnuss-Dressing 68

Herz-Kreislauf-Erkrankungen

Antipasti-Platte mit Käse und Schinken 94
Auf „Himbeer-Wolke 7“: Baiser mit Schokolade und Himbeersahne 134
Avocado-Carpaccio mit Frischkäsenocken 64
Blumenkohlsuppe 61
Bohnendip 82
Brathähnchen mit Mandel-Knoblauch-Sauce 102
Chia-Konfitüre 38
Cloud-Bread-Sandwich mit Gemüse und Crème fraîche 40

Dr. Karners Ketüsli (Baukasten) 32
Erdbeeren im Schoko-Pistazien-Mantel 130
Fenchelsalat mit pochiertem Ei und Walnüssen 66
Fischfilet mit Pesto in Varianten 116
Frozen Yoghurt mit Himbeeren 128
Gemüse-Curry mit Nuss-„Reis“ aus Blumenkohl 86
Gemüse-Tagliatelle mit Ziegenfrischkäsesauce 72
Gewürznüsse (Baukasten) 56
Green Goddess Bowl (Baukasten) 76
Grüne Shakshuka mit Spinat und Würzöl 84
Halloumi mit Grillzucchini und Nussöl 80
Käsecracker mit Paprikacreme 52
Keto-Brownies mit Beerenmischung 136
Keto-Crossies (Baukasten) 132
Keto-Guacamole mit Gemüse-Sticks 48
Keto-Knäckebrot mit Saaten und Kernen 36
Keto-Mousse au Chocolat mit Bitterschokolade 124
Keto-Overnight-Seeds mit Beeren und Kokoschips 30
Keto-„Petit farcis“ mit Joghurt-Dip 106
Kokosriegel mit Bitterschokolade und Vanille 126
Kräuter-Dressing 71
Lammfilets mit cremigem Spitzkohlsalat 108
Mangoldsuppe 61
Nizza-Fisch mit grünen Bohnen und Oliven-Gremolata 114
Nusscamembert mit Mangold und Tomaten 78
Omelett mit Spinat und Lachs 42
Panna cotta mit Basilikum und Brombeersauce 122
Putenröllchen mit Kohlrabisalat und Nüssen 100
Rotbarben mit Orange, Ingwer und Fenchelgemüse 118
Rote-Bete-Suppe 60
Saaten-Nuss-Brot 34
Schoko-Nuss-Creme 39
Selleriebutter 83
Sesamlachsfilet mit Asia-Gemüse und Wasabi 112
Spinat-Smoothie mit Avocado und Minze 58
Thai-„Nudelsalat“ mit Kokos-Erdnuss-Dressing 68
Tomatensalsa 83
Wildragout mit Pilzen und Wirsing 110

Krebserkrankungen

Antipasti-Platte mit Käse und Schinken 94
Auf „Himbeer-Wolke 7“: Baiser mit Schokolade und Himbeersahne 134
Avocado-Carpaccio mit Frischkäsenocken 64
Blumenkohlsuppe 61
Bohnendip 82
Chicorée-Gratin mit Schinken und Mascarpone 96
Dr. Karners Ketüsli (Baukasten) 32
Eggs Benedict mit Spargel, Bacon und Dill-Hollandaise 44
Erdbeeren im Schoko-Pistazien-Mantel 130
Falsche Bratkartoffeln mit Spiegelei und Senfcreme 98
Fenchelsalat mit pochiertem Ei und Walnüssen 66
Frozen Yoghurt mit Himbeeren 128
Gemüse-Curry mit Nuss-„Reis“ aus Blumenkohl 86
Gewürznüsse (Baukasten) 56
Green Goddess Bowl (Baukasten) 76
Grüne Shakshuka mit Spinat und Würzöl 84
Hähnchenschenkel mit Ofen-Rosenkohl und Speckwürfeln 104
Halloumi mit Grillzucchini und Nussöl 80
Keto-Brownies mit Beerenmischung 136
Keto-Crossies (Baukasten) 132
Keto-Guacamole mit Gemüse-Sticks 48
Keto-Mousse au Chocolat mit Bitterschokolade 124
Keto-Overnight-Seeds mit Beeren und Kokoschips 30
Keto-„Petit farcis“ mit Joghurt-Dip 106
Kokosriegel mit Bitterschokolade und Vanille 126
Kokos-Vanille-Creme 39
Kräuter-Dressing 71
„Kummus“ (Baukasten) 50
Kürbisdip 82
Lammfilets mit cremigem Spitzkohlsalat 108
Mangoldsuppe 61
Nizza-Fisch mit grünen Bohnen und Oliven-Gremolata 114
Nusscamembert mit Mangold und Tomaten 78
Nuss-Vinaigrette 70
Omelett mit Spinat und Lachs 42
Panna cotta mit Basilikum und Brombeersauce 122
Rahmlauch mit Cloud Eggs und Walnüssen 88
Rotbarben mit Orange, Ingwer und Fenchelgemüse 118
Rote-Bete-Suppe 60
Saaten-Nuss-Brot 34
Schinken-Wraps mit Pesto-Creme, Rucola und Tomaten 46
Selleriebutter 83
Sesamlachsfilet mit Asia-Gemüse und Wasabi 112
Spinatauflauf mit Mascarpone und Basilikum 90
Spinat-Smoothie mit Avocado und Minze 58
Tahin-Dressing 71
Tomatensalsa 83
Zoodles mit Bohnen, Avocado-Dressing und Dukkah 74

Leber und Stoffwechsel

Antipasti-Platte mit Käse und Schinken 94
Auf „Himbeer-Wolke 7“: Baiser mit Schokolade und Himbeersahne 134
Avocado-Carpaccio mit Frischkäsenocken 64
Blumenkohlsuppe 61
Bohnendip 82
Chia-Konfitüre 38
Chicorée-Gratin mit Schinken und Mascarpone 96
Cloud-Bread-Sandwich mit Gemüse und Crème fraîche 40
Dr. Karners Ketüsli (Baukasten) 32
Eggs Benedict mit Spargel, Bacon und Dill-Hollandaise 44
Erdbeeren im Schoko-Pistazien-Mantel 130
Falsche Bratkartoffeln mit Spiegelei und Senfcreme 98
Fenchelsalat mit pochiertem Ei und Walnüssen 66
Fischfilet mit Pesto in Varianten 116
Frozen Yoghurt mit Himbeeren 128
Gemüse-Curry mit Nuss-„Reis“ aus Blumenkohl 86
Gemüse-Tagliatelle mit Ziegenfrischkäsesauce 72
Green Goddess Bowl (Baukasten) 76
Grüne Shakshuka mit Spinat und Würzöl 84

Hähnchenschenkel mit Ofen-Rosenkohl und Speckwürfeln 104
Halloumi mit Grillzucchini und Nussöl 80
Käsecracker mit Paprikacreme 52
Keto-Knäckebrot mit Saaten und Kernen 36
Keto-Overnight-Seeds mit Beeren und Kokoschips 30
„Kummus" (Baukasten) 50
Kürbisdip 82
Mangoldsuppe 61
Nizza-Fisch mit grünen Bohnen und Oliven-Gremolata 114
Nusscamembert mit Mangold und Tomaten 78
Omelett mit Spinat und Lachs 42
Rahmlauch mit Cloud Eggs und Walnüssen 88
Rotbarben mit Orange, Ingwer und Fenchelgemüse 118
Rote-Bete-Suppe 60
Saaten-Nuss-Brot 34
Schinken-Wraps mit Pesto-Creme, Rucola und Tomaten 46
Schoko-Nuss-Creme 39
Sesamlachsfilet mit Asia-Gemüse und Wasabi 112
Spinatauflauf mit Mascarpone und Basilikum 90
Spinat-Smoothie mit Avocado und Minze 58
Tahin-Dressing 71
Thai-„Nudelsalat" mit Kokos-Erdnuss-Dressing 68
Tomatensalsa 83
Zoodles mit Bohnen, Avocado-Dressing und Dukkah 74

Neurologische Erkrankungen

Antipasti-Platte mit Käse und Schinken 94
Auf „Himbeer-Wolke 7": Baiser mit Schokolade und Himbeersahne 134
Avocado-Carpaccio mit Frischkäsenocken 64
Blumenkohlsuppe 61
Chicorée-Gratin mit Schinken und Mascarpone 96
Dr. Karners Ketüsli (Baukasten) 32
Erdbeeren im Schoko-Pistazien-Mantel 130
Fenchelsalat mit pochiertem Ei und Walnüssen 66
Frozen Yoghurt mit Himbeeren 128
Gemüse-Curry mit Nuss-„Reis" aus Blumenkohl 86
Gewürznüsse (Baukasten) 56
Green Goddess Bowl (Baukasten) 76
Grüne Shakshuka mit Spinat und Würzöl 84
Keto-Brownies mit Beerenmischung 136
Keto-Crossies (Baukasten) 132
Keto-Guacamole mit Gemüse-Sticks 48
Keto-Knäckebrot mit Saaten und Kernen 36
Keto-Mousse au Chocolat mit Bitterschokolade 124
Keto-Overnight-Seeds mit Beeren und Kokoschips 30
Keto-„Petit farcis" mit Joghurt-Dip 106
Kokosriegel mit Bitterschokolade und Vanille 126
Kokos-Vanille-Creme 39
Kräuter-Dressing 71
„Kummus" (Baukasten) 50
Lammfilets mit cremigem Spitzkohlsalat 108
Nizza-Fisch mit grünen Bohnen und Oliven-Gremolata 114
Nusscamembert mit Mangold und Tomaten 78
Nuss-Vinaigrette 70
Omelett mit Spinat und Lachs 42
Panna cotta mit Basilikum und Brombeersauce 122
Rote-Bete-Suppe 60
Saaten-Nuss-Brot 34
Selleriebutter 83
Sesamlachsfilet mit Asia-Gemüse und Wasabi 112
Spinatauflauf mit Mascarpone und Basilikum 90
Spinat-Smoothie mit Avocado und Minze 58
Tahin-Dressing 71
Tomatensalsa 83

Übergewicht

Auf „Himbeer-Wolke 7": Baiser mit Schokolade und Himbeersahne 134
Blumenkohlsuppe 61
Bohnendip 82
Brathähnchen mit Mandel-Knoblauch-Sauce 102
Cloud-Bread-Sandwich mit Gemüse und Crème fraîche 40
Dr. Karners Ketüsli (Baukasten) 32
Erdbeeren im Schoko-Pistazien-Mantel 130
Falsche Bratkartoffeln mit Spiegelei und Senfcreme 98
Fischfilet mit Pesto in Varianten 116
Frozen Yoghurt mit Himbeeren 128
Gemüse-Tagliatelle mit Ziegenfrischkäsesauce 72
Gewürznüsse (Baukasten) 56
Green Goddess Bowl (Baukasten) 76
Grüne Shakshuka mit Spinat und Würzöl 84
Gurkentaler mit Nuss-Crème-fraîche 54
Hähnchenschenkel mit Ofen-Rosenkohl und Speckwürfeln 104
Keto-Brownies mit Beerenmischung 136
Keto-Crossies (Baukasten) 132
Keto-Knäckebrot mit Saaten und Kernen 36
Keto-Mousse au Chocolat mit Bitterschokolade 124
Keto-Overnight-Seeds mit Beeren und Kokoschips 30
Keto-„Petit farcis" mit Joghurt-Dip 106
Kokosriegel mit Bitterschokolade und Vanille 126
Kräuter-Dressing 71
„Kummus" (Baukasten) 50
Kürbisdip 82
Mangoldsuppe 61
Nusscamembert mit Mangold und Tomaten 78
Panna cotta mit Basilikum und Brombeersauce 122
Putenröllchen mit Kohlrabisalat und Nüssen 100
Rahmlauch mit Cloud Eggs und Walnüssen 88
Rotbarben mit Orange, Ingwer und Fenchelgemüse 118
Saaten-Nuss-Brot 34
Schinken-Wraps mit Pesto-Creme, Rucola und Tomaten 46
Schoko-Nuss-Creme 39
Selleriebutter 83
Spinat-Smoothie mit Avocado und Minze 58
Wildragout mit Pilzen und Wirsing 110

Service

Zum Weiterlesen

Bredesen, Dale: Die Alzheimer Revolution, mvg Verlag, 2018

Bühring, Ursel: Alles über Heilpflanzen: erkennen – anwenden – gesund bleiben, Eugen Ulmer Verlag, 2018

Bühring, Ursel: Praxis-Lehrbuch der modernen Heilpflanzenkunde, Haug Verlag, 2014

Enders, Julia: Darm mit Charme, Ullstein Verlag, Hardcover, 2017

Gonder, Ulrike, Heilmeyer, Peter: Essen! Nicht! Vergessen!, systemed Verlag, 2017

Gonder, Ulrike, Tulipan, Julia, Lommel, Marina, Karner, Brigitte: Der Keto-Kompass, riva Verlag, 2018

Grünwald, Jörg, Jänicke, Christof: Grüne Apotheke, Gräfe und Unzer Verlag, 2015

Kämmerer, Ulrike, Schlatterer, Christina, Knoll, Gerd: Krebszellen mögen Zucker, Patienten brauchen Fett, riva Verlag, 2017

Paul, Sabine: Gehirndoping mit Gewürzen, Verlag Expert Fachmedien, 2018

Ritter, Claudia: Heimische Nahrungspflanzen als Heilmittel, Nikol Verlag, 2019

Sabersky, Annette: Besser essen ohne Zusatzstoffe, oekom verlag, 2019

Scherf, Gertrud: Wildfrüchte und Wildkräuter erkennen, sammeln, zubereiten, BLV Buchverlag, 2014

Schneider, Christina: Wildpflanzen finden, Verlag Eugen Ulmer, 2017

Thurn, Valentin, Oertel, Gundula, Pohl, Christine: Genial lokal, oekom verlag, 2018

Nützliche Adressen

ÄGHE (Ärztegesellschaft Heilfasten)
www.aerztegesellschaft-heilfasten.de

air up (beduftetes, kohlenhydratfreies Wasser)
www.air-up.com

AMM (Akademie für menschliche Medizin)
www.spitzen-praevention.com

CO_2-Rechner des Bundesumweltamts
uba.co2-rechner.de

Dr. Almond (ketogene Produkte, Backmischungen, MCT-Öle)
www.lowcarb-glutenfrei.com

Ecological Footprint Calculator (ökologischen Fußabdruck berechnen)
www.footprintcalculator.org

Eurodiet (viele ketogene Produkte, vor allem zum Abnehmen)
Kundenservice: Tel.: 0800 1823108
www.eurodiet.com

FODMAP-arme Lebensmittel
www.fodmap-info.de

Foodpunk (ketogene Produkte, Rezepte, Infos)
www.foodpunk.de

GFBK (Gesellschaft für Biologische Krebsabwehr)
www.biokrebs.de

Greenpeace (Einkaufsratgeber für Fisch)
www.greenpeace.de

Kanso (streng ketogene Diätprodukte)
www.kanso.com/de

Keto-Akademie (ärztliche Fortbildung, 18 Punkte)
www.keto-akademie.de

Keto-up (ketogene Produkte, MCT-Öle)
https://shop.keto-up.de

Kräuter Schulte (Heilkräuterversand)
www.kraeuter-schulte.de

LCHF Deutschland (viele Infos und Rezepte, Aus- und Weiterbildungen, Kongresse)
www.lchf-deutschland.de

Medizinische Informationsplattform
www.netdoktor.de

mym2 (Ackerbauberechner für Gerichte)
www.mym2.de

naehrsinn – Tulipans (Keto-Müslis, Coffee Creamer, MCT-Pulver)
https://shop.naehrsinn.at/

Ökologische Landwirtschaft
www.oekolandbau.de

Oleofactum (handwerklich hergestellte frische Bio-Öle)
www.oleofactum.de

Ölmühle Solling (mühlenfrische Bio-Öle und Bio-Kokosöle)
www.oelmuehle-solling.de

Panifactum (ketogene, glutenfreie Backwaren und Brote)
www.panifactum.de

Saisonkalender
www.regional-saisonal.de/saisonkalender

Dr. Schär (ketogene (Fertig-)Produkte und Infos)
www.drschaer.com

Simply Keto (ketogene Produkte, Backmischungen, MCT-Öle)
www.simplyketo.de

Tropicai (Bio-Kokosöle und -produkte)
www.tropicai.com

WWF (Tipps für den Alltag, vernünftig einkaufen)
www.wwf.de

ZU DEN AUTORINNEN

Dr. Brigitte Karner ist Fachärztin für Allgemeinmedizin, Ernährungsmedizin, Präventionsmedizin, Traditionelle Europäische Medizin, Moderne Pflanzenheilkunde und Integrative Psychotherapie. Die Spezialistin für ketogene Ernährungstherapie begleitet seit vielen Jahren Patienten in ihrer Praxis in Freiburg, bietet Kurse an und hält Vorträge auf Fachveranstaltungen.

Dipl. oec. troph. Ulrike Gonder arbeitet als Wissenschaftsjournalistin, Autorin, Referentin und Trainerin. Seit Jahren beschäftigt sie sich intensiv mit der ketogenen Ernährung und hat mit ihrem Plädoyer für gesunde Fette Pionierarbeit geleistet.

HINWEIS

Die Ratschläge in diesem Buch wurden mit größter Sorgfalt von den Autorinnen und dem Verlag erarbeitet und geprüft. Eine Garantie kann jedoch nicht übernommen werden. Ebenso ist eine Haftung der Autorinnen bzw. des Verlags und seiner Beauftragten für Personen-, Sach- oder Vermögensschäden ausgeschlossen. Erkrankungen mit ernstem Hintergrund gehören in ärztliche Behandlung! Bei bereits bestehenden Beschwerden kann das Buch daher keinen fachärztlichen Rat ersetzen.

IMPRESSUM

Hinter jedem tollen Buch steckt ein starkes Team

Projektleitung: *Kathrin Ullerich*
Redaktionelle Mitarbeit: *Antje Brunnabend*
Rezepte: *Inga Pfannebecker, Dr. Brigitte Karner*
Lektorat: *Kathrin Gritschneder*
Covergestaltung: *ZERO Werbeagentur, München*
Grafische Gestaltung und Satz:
ZERO Werbeagentur, Karin Miller
Fotografie: *Claudia Timmann*
Foodstyling: *Pedro Torres*
Herstellung: *Frank Jansen*
Producing: *Jan Russok*
Druck & Bindung: *optimal media GmbH, Röbel*

5. Auflage 2025

Neumühlen 17, 22763 Hamburg
ISBN: 978-3-96584-004-1
Redaktionsanschrift:
ZS, Edel Verlagsgruppe GmbH,
Kaiserstraße 14b, 80801 München
www.zsverlag.de/kontakt
www.edelverlagsgruppe.de/kontakt

BILDNACHWEIS

Privat: S. 4; Shutterstock: S. 8, 19, 21;
Illustrationen: Shutterstock

FOOD FOTOS

Im Buch enthaltene Fotos können zur eigenen Nutzung erworben werden unter *www.stockfood.de*

LIEBE LESERINNEN, LIEBE LESER,

wie schön, dass Sie ein Buch von ZS in den Händen halten. „Jetzt leben!" ist das Motto unseres Verlages. Es steht für Genuss und Inspiration, Unterstützung und Motivation. Ob Kulinarik oder Fitness, Gesundheit oder Lebenshilfe – seit über 30 Jahren bieten wir kompetente Ratgeber für (fast) alle Lebenslagen. Wir lieben Tradition genauso wieInnovation – sie treiben uns an. Unsere Autorinnen und Autoren sind Menschen, die zu ihrem Thema wirklich etwas zu sagen und zu schreiben haben. Unsere Produkte sind erzählerisch, appetitmachend und als gedruckte Bücher haptisch echte Erlebnisse. Für Sie mit ganz viel Liebe gemacht! Entdecken Sie mehr aus unserer wunderbaren Welt!

UNSER VERLAGSHAUS

Mit Standorten in Hamburg und München zählt die Edel Verlagsgruppe zu den größten unabhängigen Buchanbietern Deutschlands. Zur Gruppe gehören die Verlage Dr. Oetker Verlag, Edel Sports, KARIBU und ZS.

ZS - Ein Verlag der Edel Verlagsgruppe
www.zsverlag.de
www.facebook.com/zsverlag
www.instagram.com/zsverlag

NEWSLETTER

Was koche ich heute Feines? Und wie geht das – schmackhaft und gesund? Melden Sie sich jetzt zum ZS-Genuss-Service an und verpassen Sie keine kulinarischen und gesundheitlichen Trends mehr. Wir informieren Sie regelmäßig über unsere Neuerscheinungen, Aktionen oder Gewinnspiele und verraten Ihnen unsere Lieblingsrezepte!

GEWINNEN

Unter allen Neuabonnierenden verlosen wir jeden Monat eine *ZS-Genuss-Box* im Wert von 75,00 €.

Jetzt anmelden unter:
www.zsverlag.de/newsletter
oder den QR Code scannen:

ANMELDEN!